L'ILLUSION
DE L'AN 2000

DU MÊME AUTEUR

Essais

LES BANDES D'ADOLESCENTS, Fayard, 1962
   (en collaboration avec Marc Oraison).
ANNONCE DE JÉSUS-CHRIST,
   Le Seuil, 1964 (Livre de vie, 1964).
LE PRÊTRE DANS LA MISSION, Le Seuil, 1965
   (en collaboration avec Dominique Barbé).
LA FOI D'UN PAÏEN, Le Seuil, 1967 (Prix Noël, 1967 ;
   Livre de vie, 1968).
LA RECONNAISSANCE, Le Seuil, 1968.
OÙ EST LE MAL ?, Le Seuil, 1969.
QUI EST DIEU ?, Le Seuil, 1971.
QUESTIONS À MON ÉGLISE, Stock, 1972.
LA PRIÈRE ET LA DROGUE, Stock, 1974.
DU BON USAGE DE LA RELIGION, Stock, 1976.
POUR UNE POLITIQUE DU LIVRE, Dalloz, 1982
   (en collaboration avec Bernard Pingaud).
QUE VIVE LA FRANCE, Albin Michel, 1985.
LA FOI QUI RESTE, Le Seuil, 1987.
DU BON GOUVERNEMENT, Odile Jacob, 1988.
DE L'ISLAM ET DU MONDE MODERNE, Le Pré-aux-Clercs,
   1991 (Prix Aujourd'hui, 1991).
DE L'IMMIGRATION ET DE LA NATION FRANÇAISE,
   Le Pré-aux-Clercs, 1992.
BIOGRAPHIE DE JÉSUS, Plon, 1993 (Pocket, 1994).
QUELLE MORALE POUR AUJOURD'HUI, Plon, 1994.
LES VIES D'UN PAÏEN, Autobiographie, Plon, 1996.
LA FRANCE VA-T-ELLE DISPARAÎTRE ?, Grasset, 1997.

Romans

LES MÉMOIRES DE JÉSUS, Jean-Claude Lattès, 1978.
LA TRAVERSÉE DE L'ISLANDE, Stock, 1979
   (Antenne 2, 1983, téléfilm).
LE VENT DU DÉSERT, Belfond, 1981.
LES INNOCENTS DE PIGALLE, Jean-Claude Lattès, 1982.
OUBLIER JÉRUSALEM, Actes Sud, 1989 (J'ai Lu, 1991).

JEAN-CLAUDE BARREAU

L'ILLUSION
DE L'AN 2000

BERNARD GRASSET

PARIS

Première partie

LE CHIFFRE MAGIQUE

CHAPITRE 1

Mais que commémore-t-on au juste ?

Sur la tour Eiffel le compte à rebours a commencé : combien de jours avant l'an 2000. Et le chiffre décroît quotidiennement sur un compteur de trente-trois mètres de long sur douze mètres de haut, éclairé par 1 342 projecteurs.

A l'occasion du millénaire, on nous promet des commémorations qui dépasseront en importance celles du bicentenaire de la Révolution française, et pas uniquement en France, dans le monde entier. C'est en l'an 2000 que la capitale de l'Allemagne sera transférée à Berlin.

L'Italie s'apprête à recevoir à Rome des millions de pèlerins. Le calendrier occidental est devenu en effet un calendrier planétaire.

Il existe certes un calendrier musulman qui prend comme origine l'« Hégire », c'est-à-dire le départ de Mahomet de La Mecque avec soixante-dix compagnons, le 16 juillet 622. Il existe aussi un calendrier juif dans lequel l'année 1998 correspond à l'an 5758 après le « sixième jour » où Dieu se reposa d'avoir créé l'univers. On trouve un calendrier japonais dans lequel on prend pour fondement l'établissement mythique de la dynastie impériale de l'archipel, et un calendrier chinois divisé en ères (du Dragon, du Serpent, etc.), assez à la mode aujourd'hui.

Cependant il est un fait : toutes les transactions, toutes les affaires commerciales ou politiques et internationales s'effectuent dans le calendrier européen, d'où l'importance du chiffre de l'an 2000 ; d'où la promesse de célébrations et cérémonies un peu partout dans le monde, pour marquer cet événement qui n'est d'ailleurs qu'une commémoration.

Que commémore-t-on précisément ?

L'individu le moins informé répondra que l'on commémore la naissance de Jésus. Cependant cette réponse semble fausse dans le détail et dans le fond. Fausse par *la date* d'abord.

Les experts (« exégètes », experts des livres sacrés chrétiens) situent en effet la naissance du Christ bien avant le jour officiel.

L'évangéliste Matthieu place la venue au

monde de Jésus avant la mort du roi Hérode le Grand (Matthieu, II, 1-19), l'évangéliste Luc aussi, ce qui témoigne d'une tradition antérieure à nos deux auteurs (et donc exégétiquement forte). Le même Luc écrit bien (Luc, III, 23) que Jésus à ses débuts avait environ trente ans, chiffre consacré par la tradition, mais les exégètes ne veulent voir là qu'une clause de style, trente ans, l'âge du roi David le jour de son sacre (2 Samuel, V, 4), Jésus étant présenté comme un nouveau David, car chez Jean, les Judéens disent au Christ : « Tu n'as pas encore cinquante ans » (Jean, VIII, 57). La mention par Luc du nommé Quirinius (Luc, II, 2), « Quirinius étant gouverneur de Syrie », n'ajoute rien à la précision, Sulpicius Quirinius fut bien gouverneur de cette province romaine, mais seulement en l'an six de notre ère. Il faut simplement constater que Luc n'était pas un spécialiste des actes officiels de l'Empire. Et il faut bien admettre que l'année précise de la naissance de Jésus nous reste inconnue, ce qui n'a rien d'étonnant puisque l'état civil n'existait pas encore. Pourtant, et tous les experts en conviennent, il y a certitude sur le fait qu'il est né avant la mort du roi Hérode. Jésus est donc né avant moins quatre, et les experts penchent pour moins six ou moins sept.

La date officielle de la naissance du Christ qui marque par convention le début de notre ère, il y a deux mille ans, fut fixée arbitrairement des siècles après l'événement, par un moine. De même le jour en est inconnu. L'Eglise n'a retenu le 25 décembre que dans le but d'annexer la fête païenne du culte de Mithra au « Soleil invaincu » *(Sol invictus)*, triomphe de la lumière sur les ténèbres qui marquait le moment annuel de l'allongement des jours par rapport à la nuit.

En France, l'année civile a longtemps commencé avec la fête chrétienne de Pâques. C'est un édit de Charles IX qui décida, en 1564, qu'elle commencerait à la date purement profane du 1er janvier.

Fausse dans le détail, l'affirmation commune selon laquelle l'an 2000 ne serait qu'une commémoration de la naissance de Jésus, l'est encore beaucoup plus dans le fond.

Si l'an 2000 se réfère encore à la naissance du Christ, c'est d'une manière en quelque sorte « subliminale ». Ce calendrier témoigne en effet surtout de la domination que les pays européens, jadis christianisés, ont exercée sur le monde, domination qu'ils exercent encore par l'intermédiaire des Etats-Unis d'Amérique.

Mais je crois pouvoir affirmer que ces vingt

siècles, ces deux millénaires, ont pris une consistance propre, tout à fait étrangère, en fin de compte, au christianisme. Quand les Romains calculaient leur calendrier depuis la fondation de Rome *(ab Urbe condita)* ; quand les républicains de la grande Révolution française comptaient le leur à partir de l'avènement de la République (« O soldats de l'an deux... »), ils participaient à un fort sentiment de communion civique quasi religieuse.

Peut-on dire que ceux qui s'apprêtent à commémorer l'an 2000 se réfèrent à Jésus-Christ ?

Certes non !

Cela ne veut pas dire que Jésus de Nazareth ne mérite pas d'être considéré comme le fondement d'un calendrier. Et il en fut ainsi disons jusqu'au siècle des Lumières. Quand on parlait au Moyen Age d'une date en la référant « en l'an de grâce, en l'an du Seigneur », c'est bien du Christ qu'il s'agissait.

Personnellement, je considère Jésus comme le sommet indépassable de l'histoire religieuse. Jésus illumine de ses « béatitudes » l'histoire religieuse de l'humanité si souvent sombre et maléfique. Ses paroles, même trahies et oubliées par ceux qui se proclament ses disciples, résonnent encore comme un chant de joie et de liberté, d'allégresse.

Mais ceux qui parlent de l'an 2000 avec des trémolos dans la voix sont-ils chrétiens ? Se réfèrent-ils à Jésus de Nazareth ? Songent-ils même à lui ? On peut affirmer et prouver le contraire. D'ailleurs les peuples européens ou issus de la domination européenne se sentent-ils encore chrétiens ? On doit en douter. Certes, il y a des croyants chrétiens chez eux mais fort minoritaires, comme il y en a d'ailleurs dans les zones asiatiques ou africaines. Les Eglises ont partout cessé en Occident d'être des forces dominantes.

Il ne me semble même pas que les snobs du « politiquement correct » américain, prompts à dénoncer l'ethnocentrisme, contestent fortement la célébration prochaine de l'an 2000, alors qu'ils se sont mobilisés contre la commémoration de la découverte de l'Amérique par Christophe Colomb.

En vérité, en célébrant avec éclat l'« an 2000 », ce n'est certes pas un hommage au christianisme que l'on s'apprête à rendre, d'autant plus que les non-chrétiens vont célébrer l'an 2000 ; tout en perdant son rapport au Christ, notre calendrier est devenu universel.

Aujourd'hui, il n'est pas de jour, pas d'endroit où l'on n'entende tel ou tel commentateur, privé ou public, journaliste ou badaud, quand survient un drame ou bien une catastrophe, déplorer sur le ton de madame Michu : « C'est y pas malheureux ! » — « Voir ça si près de l'an 2000 ! »

Aujourd'hui, pas un politique, pas un philosophe ne peut prendre la parole sans évoquer rituellement « l'aube du troisième millénaire », ou bien « la veille du XXIe siècle ».

Notons que le XXIe siècle ou le troisième millénaire commenceront pour de bon le 1er janvier 2001, et que le 31 décembre 2000 sera le dernier jour du XXe siècle. Célébrer le changement de siècle ou de millénaire en l'an 2000 est donc contraire au bon sens. Mais cela ne sert à rien de le rappeler. Dans la fascination du chiffre « 2000 », il y a aussi le triple zéro qui nous frappe invinciblement de sa magie décimale ; ces trois zéros symboliques semblant annoncer un univers tout neuf. Ces trois zéros sont incontournables, il est vain de plaider pour 2001. Notons cependant que ces zéros vont poser des problèmes difficiles à tous nos ordinateurs, à l'ensemble de notre informatique et qu'après le dernier soir de 1999 beaucoup de ces machines risquent d'afficher 1901 ! Qu'importe... la magie des trois zéros est la plus forte.

A quoi pensent donc les célébrants de l'an 2000 ?

Nous avons vu qu'ils ne pensent pas au Christ. Si les pays historiquement d'origine chrétienne ont imposé leur calendrier à l'univers, nous avons dit que ces pays sont largement déchristianisés. Le calendrier demeure mais signifie aujourd'hui bien autre chose. Quoi donc ?

La réponse me semble évidente, l'an 2000 est une référence à la modernité. Les célébrants de l'an 2000 veulent célébrer les « temps modernes ».

Ils reprennent sans le savoir le titre d'un des volumes de la célèbre série de manuels scolaires d'histoire du Malet-Isaac.

Les temps modernes sont-ils tellement liés au christianisme que le calendrier chrétien puisse devenir facilement celui de la modernité ? Nous verrons que la réponse à cette question est plus que nuancée. De toute façon, les Malet-Isaac font commencer les « temps modernes » à la date convenue de 1453, celle de la prise de Constantinople par les Turcs, et nous écrirons qu'ils n'ont pas tort.

Les temps chrétiens sont bien devenus à cette date les temps modernes : il y a eu transformation ou plutôt phagocytage d'une symbolique par une autre, processus achevé seulement au XVIIIe siècle. Mais il importe peu aux célébrants du deuxième millénaire que les temps modernes aient cinq siècles et non pas vingt. Cela importe peu au sens commun.

Quand on invoque le troisième millénaire à venir, c'est la modernité que l'on évoque et non pas le Christ, avec l'idée sous-jacente et optimiste que le troisième millénaire nous promet un univers de science-fiction, un homme nouveau enfin, à jamais délivré de ses contraintes séculaires.

En un sens il s'agit du contraire de l'an 1000.

A la veille de l'an 1000, un grand courant d'inquiétudes apocalyptique traversa l'Occident. Mais ce courant était d'une part limité à la chrétienté, d'autre part il était pessimiste. Des catastrophes allaient survenir à la date fatale, comprise comme étant celle de la « fin des temps ». Des groupements, justement appelés « millénaristes », se préparaient à l'événement, par la prière, la fuite ou des délires divers (dont la persécution des juifs).

Aujourd'hui, le millénarisme de l'an 2000 a largement dépassé les limites de la chrétienté pour devenir planétaire. Surtout, et au contraire de celui de l'an 1000, il est optimiste (à l'exception de quelques groupes sectaires isolés).

Au catastrophisme de l'an 1000 s'oppose la croyance universelle au progrès qui s'investit dans le mythe de l'an 2000. D'où les truismes des commentateurs sur le XXIe siècle et le troisième millénaire. Ils répéteraient tous, s'ils les connaissaient, les alexandrins qu'écrivit Victor Hugo à la fin du siècle dernier : « L'humanité se lève, elle chancelle encore / Mais le front baigné d'ombres, elle va vers l'aurore. »

Alors qui croire ? Ceux qui ont peur de l'an 2000 ou ceux qui y voient le début d'un temps de bonheur à la manière des adeptes du *New Age* ? Ces derniers sont persuadés que, sinon en 2000, du moins peu après, commencera l'ère du Verseau, où l'homme, libérant enfin sa réserve de forces positives, sera réconcilié avec lui-même, ses semblables et le cosmos.

Il faudrait réfléchir ici un moment sur cette notion de siècle ou de millénaire.

Le temps réel, celui de l'Histoire et des civilisations, ne se laisse pas enfermer dans les limites conventionnelles ; chaque historien le peut constater.

Le « siècle des Lumières » correspond en gros au XVIIIe siècle de notre ère, mais, en fait, il commence seulement en 1715 avec la mort de

Louis XIV et ne se termine qu'en 1815 après Waterloo.

Il en est de même pour le XIXe siècle qui s'achève lui non pas à la « Belle Epoque », en 1901, où rien d'essentiel ne se produit, mais en 1916, sous les bombardements de Verdun ; et peut-être bien en 1917 avec la Révolution d'octobre à Petrograd. Le XXe siècle né en 1917 s'est probablement déjà achevé en 1989 avec la chute du mur de Berlin.

Les « empires » sont « séculaires », les nations et les civilisations paraissent « millénaires » et les religions plus durables encore. Mais aucun de ces cycles n'a de rapport avec notre célèbre calendrier.

Les révolutions industrielles traduisent l'exploitation pratique et à grande échelle de certaines découvertes : la vapeur, puis l'électricité et le pétrole, aujourd'hui l'informatique. Elles se comptent en décennies.

Quant aux cycles économiques, ils sont plus mystérieux et plus courts encore et les économistes n'ont pas réussi à percer le secret des phases de croissance ou de dépression ; par exemple existe-t-il en économie un cycle trentenaire comme certains le croient ?

En réalité, c'est le livre de l'Apocalypse, attribué à saint Jean, qui fit la fortune du millénaire, en son chapitre vingt : après que de nombreuses catastrophes auront frappé le monde, voici que les justes régneront avec le Christ pour « mille années ». Après une seconde séquence de malheurs viendra le jugement dernier. L'Apocalypse a donné naissance aux deux versions du millénarisme. Celle de l'an 1000 qui s'attache aux cataclysmes et celle du millénaire de bonheur réservé aux justes, laïcisée dans les espérances de l'an 2000.

CHAPITRE 2

Cependant le « progrès » saute aux yeux

Enfant, je lisais dans la bibliothèque de mon grand-père de grands ouvrages illustrés intitulés les *Merveilles de la science*. Ce qui me plaisait était, je crois, leur anachronisme. Publiés à la fin du XIXe siècle, ces livres se trouvaient évidemment complètement dépassés à l'époque où je les feuilletais. Mais justement leur air vieillot me convainquait plus encore de l'inéluctabilité du progrès. De les voir ainsi à leur naissance, ébauches de voitures, fœtus d'avions, les merveilles mécaniques me fascinaient davantage. Car enfin l'apparence du monde avait formidablement changé depuis mon grand-père dans le sens annoncé par les *Merveilles de la science*.

Le fait le plus éclatant, c'est l'accroissement

géométrique des distances parcourues dans le même temps de voyage.

Les cinq navires à voile de Magellan appareillèrent le 6 mars 1520 de Sanlúcar de Barrameda. Après une escale en Terre de Feu et le difficile passage du détroit qui porte son nom, Magellan atteignit les îles Mariannes puis l'archipel des Philippines au-delà de l'immense océan, baptisé Pacifique.

C'est là, le 21 avril 1521, qu'il tomba dans un obscur guet-apens sur la plage de l'île de Mactan et fut tué. Un seul navire, la *Victoria*, commandé par l'un de ses lieutenants, put rejoindre l'Espagne, le 6 septembre 1522, avec seulement dix-huit survivants. Toutefois ce périple qui apportait la preuve pratique de la sphéricité de la Terre eut un immense retentissement. Il avait fallu deux ans et demi — le temps qu'aujourd'hui la NASA estime nécessaire pour un voyage aller et retour de l'homme jusque sur la planète Mars. La traversée de l'océan Pacifique seule avait demandé à Magellan quatre mois ; quatre mois d'isolement complet. Car il faut noter que ces grandes découvreurs étaient bien plus isolés et démunis que nos modernes cosmonautes ; sans liaisons radio, sans base arrière attentive, livrés à leur seul courage.

Aujourd'hui les avions supersoniques font ce

même trajet en moins de vingt-quatre heures, y compris le temps des escales.

Il fallait plus de deux mois à un gouverneur vénitien de l'île de Chypre pour envoyer au xve siècle une missive à son gouvernement ; le même temps exactement qu'à un gouverneur romain de Syrie, au i[er] siècle, pour demander des instructions à Rome.

Au xixe siècle, c'était le temps qu'il fallait au vice-roi anglais des Indes pour correspondre avec Londres. La vitesse avait déjà augmenté à la puissance dix. Napoléon, l'homme le plus rapide de son époque, mettait seulement une journée avec sa berline attelée de chevaux relayés pour rejoindre Tours depuis Paris. Aujourd'hui une heure de TGV suffit.

A l'échelle de l'Empereur, la France était encore un pays immense, comme la Gaule antique. Aujourd'hui ce pays se traverse en quelques heures d'automobile sur autoroute, en respectant les limitations de vitesse.

La France a-t-elle pour autant cessé de faire le poids ? comme le répètent tous nos modernistes qui ne considèrent que les apparences et identifient l'espace à la puissance, c'est une autre question ; et l'on doit se souvenir que le territoire d'Athènes, pourtant puissance majeure de son époque, se traversait encore plus vite à pied depuis Marathon ; et d'ailleurs le territoire de Singapour, « dragon » économique des temps modernes, n'est pas plus grand que ne l'était celui d'Athènes.

Cependant les comparaisons sont frappantes.

L'homme qui se déplaça longtemps au rythme de ses pieds (50 km par jour au maximum), puis, immense progrès acquis avec les cavaliers perses quelques siècles avant notre ère, à celui du cheval (100 km par jour au maximum), se déplace aujourd'hui au rythme de ses fusées à des milliers de kilomètres à l'heure. Il a même échappé au sein utérin de sa planète.

Le 20 juillet 1969, les Américains Neil Armstrong et Michael Collins posaient le pied sur la Lune et pouvaient contempler au-dessous d'eux leur planète bleue dans le ciel noir. A ce moment précis des millions de personnes regardaient l'événement à la télévision. Car la transmission des messages qui se fait maintenant à la vitesse de la lumière est quasi instantanée à notre échelle terrestre.

L'homme n'a pas seulement augmenté à l'infini sa vitesse de déplacement, ou, ce qui revient au même, celle de ses messages.

L'homme a aussi multiplié à l'infini sa force

physique par le relais des moulins, des animaux de trait puis de la vapeur, des moteurs à essence, de l'électricité et *last but not least* de l'énergie atomique.

Il a enfin accru dans des proportions considérables les possibilités de son cerveau par le moyen de l'informatique et des ordinateurs, sans lesquels d'ailleurs beaucoup de techniques complexes comme la bombe atomique et les orbites spatiales n'eussent pu être calculées.

La révolution industrielle a des racines lointaines, nous le verrons, mais depuis deux siècles son explosion est fracassante.

Si l'on s'en tient seulement aux « réseaux », par exemple, leur extension est prodigieuse. D'abord limitée à un réseau de pistes caravanières ou piétonnières, l'humanité a tissé autour de la planète une extraordinaire toile d'araignée de routes, de voies de communication. Il y a loin des routes romaines ou incas sur lesquelles couraient des messagers qui, se relayant de relais en relais, faisaient circuler informations des gouverneurs et ordres de l'empereur, au réseau « Internet » qui permet à tous ceux qui le veulent (et en ont les moyens) de se connecter, en instantané, sur les informations les plus récentes, mais il n'y a pas de différence de nature.

Au-dessus de la « biopshère » végétale et animale, une « technosphère » humaine s'est construite en trois millénaires, plus visible encore.

Le père Teilhard de Chardin ne craignait pas, et ce bien avant Internet, de parler d'une « noosphère », connexion planétaire des cerveaux !

Ce progrès fracassant a transformé les conditions de vie des hommes et le visage même de la planète.

On comprend que cette explosion triomphale des sciences et des techniques puisse fasciner. Oui, vraiment, la science étale devant nous ses « merveilles ». Et malgré l'existence bien visible de zones de pauvreté, cette explosion n'est plus limitée à telle ou telle culture ou région, elle est planétaire.

D'où la force d'évidence non réfutable du slogan, répété par l'ensemble des communicants, celui de la « mondialisation ».

Cette formidable avancée de ce qu'on appelle la science est tellement visible, tellement planétaire, tellement évidente qu'il est pratiquement impossible d'émettre des doutes. Il y a pourtant de fausses évidences, qui cachent les vraies révolutions.

Un exemple : tout le monde vous dira que la « science » a augmenté la durée de la vie humaine. Si l'on regarde les choses de plus près, on s'aperçoit qu'il s'agit d'une apparence surtout statistique. La médecine moderne, enfin devenue efficace avec Pasteur puis les antibiotiques, a su faire reculer de manière considérable, avec des moyens simples, la mortalité infantile ; sur dix bébés du passé, sept mouraient avant leur troisième année, diminuant ainsi par leur mortalité, élevée aux bas âges, la moyenne générale dans les statistiques de la durée de la vie humaine. Cependant les survivants pouvaient vivre très vieux. Nous savons, grâce à l'étude de sa momie, que le pharaon égyptien Ramsès II avait largement dépassé les quatre-vingts ans. D'ailleurs, les classes dirigeantes bien nourries, buvant de l'eau propre, ne travaillant pas de manière inhumaine, ont toujours atteint des âges respectables, dont les constitutions de l'époque tenaient compte. A Rome, on ne pouvait songer à commencer une carrière politique qu'après la quarantaine, âge requis pour siéger au Sénat. Chez les Juifs, avant cinquante ans, on était considéré comme un freluquet (d'où la réflexion des Judéens à Jésus citée plus haut : « Tu n'as même pas cinquante ans »). Et dans la Bible on peut lire : « Nous vivons jusqu'à soixante-dix ans, quatre-vingts pour les plus vigoureux », ce qui, on l'avouera, n'a guère changé. Il est vrai cependant qu'à cinquante ans on a aujourd'hui davantage de chances d'atteindre quatre-vingts ans que jadis, et cela grâce à la médecine. On pourrait dire en contrepartie que la médecine a créé le « gâtisme » qui existait peu chez nos grands-parents. A l'époque, les accidents vasculaires cérébraux majeurs tuaient. Ils ne tuent plus. Faut-il s'en réjouir ? Les vieillards de jadis étaient certes peu nombreux, mais produits d'une impitoyable sélection naturelle, ils se portaient comme des charmes. Nonagénaire, le doge Dandolo s'emparait à la tête de sa flotte de Constantinople, au début du XIIIe siècle, et en plein XVIe siècle, au même âge, Titien peignait encore.

Pourtant, en partie erronée, la fausse évidence de l'allongement de la durée de la vie humaine garde une part de vérité, mais cette vérité n'est pas celle qu'on voulait propager, c'est une vérité cachée. La vraie révolution est celle-ci : en quasi supprimant la mortalité infantile, les médecins ont davantage changé le monde que ne l'ont fait les ingénieurs. Les ingénieurs veulent changer le monde, les médecins, qui sont de grands individualistes, ne le voulaient pas (si ce n'est combattre la souffrance et la mort individuelles, mais ils n'avaient guère de visée collective) et cependant ils l'ont fait. Les femmes du tiers-monde ne font pas davantage d'enfants que leurs grands-mères ; simplement, ces enfants ne meurent plus, ou meurent moins. Leurs grands-mères en avaient dix pour en garder trois ; elles en font sept mais en gardent six.

Ainsi l'« explosion démographique » du tiers-monde n'est pas, comme on le croit, le résultat de la volonté de ce tiers-monde. L'explosion démographique est un résultat inattendu, non voulu, de la médecine moderne.

Cet exemple est éclairant ; il montre assez que la science, même sans le vouloir, change le monde. A plus forte raison quand elle le veut.

Le « prométhéisme », croyance que l'homme va pouvoir modifier la création, et que l'on trouve déjà au début de la Genèse, dans la Bible — « Soumettez la Terre » (Genèse, I, 28) —, n'est plus une espérance biblique ou un mythe grec ; c'est devenu une croyance de masse, relayée par l'ensemble des médias, s'appuyant sur des évidences (même trompeuses ou « décalées » comme la croyance en l'allongement de la durée de la vie humaine), illustrée par des images incontournables. Devant le petit robot Rocky qui, en juillet 1997, nous envoya de magnifiques images d'Are Vallis sur le sol de Mars, après avoir quitté sa sonde porteuse *Path finder*, comment douter des *Merveilles de la science* et des promesses de l'an 2000 ?

A Paris, à New York, à Rio, aussi bien qu'à Hong-Kong ou en Abidjan, cette foi dans la toute-puissance merveilleuse de l'homme est devenue la seule idéologie commune, la seule idéologie planétaire, celle des célébrants de l'an 2000. D'où le prestige de ce chiffre au triple zéro magique ; d'où la croyance universelle aux promesses du XXIe siècle et du troisième millénaire.

D'où aussi les exclamations indignées devant les faits qui contredisent cette croyance. Ces exclamations que nous avons déjà citées plus haut : « Voir ça en l'an 2000 ! »... « Comment est-ce possible à la veille du troisième millénaire ? », quand surgissent violences, massacres, désordres, régressions.

Ces faits qui contredisent la foi prométhéenne sont pour ainsi dire « obscènes ». Ce sont des faits pornographiques qui ne devraient pas exister. Qu'ils soient réels, trop réels, est sans importance. Il n'est rien de plus difficile à admettre pour l'homme que la réalité quand elle contredit l'idéologie dominante, car on reconnaît une idéologie à ce qu'elle se donne pour inéluctable. L'avènement de l'an 2000 doit donc pour certains idéologues déboucher sur un avenir radieux, inévitablement. Philippe Meyer résume cette croyance avec la distanciation de l'ironie dans la célèbre formule quotidienne de ses chroniques de France Inter : « Le progrès fait rage, le futur ne manque pas d'avenir. »

Prométhée, titan de la mythologie grecque, a volé le feu de Zeus pour en faire cadeau à l'humanité. Prométhée est devenu l'archétype de l'homme du millénaire à venir, même chez celui qui ignore tout de la mythologie.

En 1841 déjà, Karl Marx écrivait *(Démocrite et Epicure)* : « Dans le calendrier philosophique, Prométhée occupe le premier rang. » Le dieu grec, fils de Japet et frère d'Atlas, apparaît en effet dans la cosmologie grecque comme l'initiateur de la première civilisation humaine. Le vol du feu du ciel symbolise assez bien l'aventure scientifique et moderne. La civilisation de la modernité est prométhéenne, et se veut telle. Jésus est un personnage historique magnifié par la foi chrétienne, en apparence il donne son origine à notre calendrier. Prométhée est un mythe, c'est pourtant lui que nous allons célébrer avec l'an 2000, et non pas Jésus.

CHAPITRE 3

Quels sont donc les critères
de la modernité ?

En vérité, l'an 2000 ne sera pas la fête de la science.

La science est un mode de connaissance, rationnel, empirique et critique.

La science a existé bien avant les temps modernes.

Nos vieux manuels scolaires d'histoire plaçaient avec raison le début des temps modernes au XVe siècle de notre ère. Or, déjà au IIIe siècle avant Jésus-Christ, Eratosthène, savant grec de l'école d'Alexandrie, calcula avec précision la circonférence de la Terre. Plantant un bâton à Assouan, en Haute-Egypte, et un autre à Alexandrie où il habitait, il constata que l'ombre portée un même jour à midi était de longueur différente. (Il n'était pas aux deux endroits à la fois évidemment mais utilisait un correspondant.) Eratosthène en déduisit que cette différence ne pouvait résulter que d'une courbure de la surface terrestre. Il en tira la conclusion théorique, contre l'évidence de l'époque qui considérait la Terre comme un disque plat, que la Terre était au contraire un globe sphérique dont il calcula précisément les dimensions. Il fallait le faire !

Hipparque, quant à lui, détermina avec précision, au siècle suivant, la distance exacte entre la Terre et la Lune. Mesurant pour cela la taille du cône d'ombre de la Terre sur la Lune au moment d'une éclipse de Lune, il put démontrer que le diamètre de la Lune était égal au tiers du diamètre terrestre et que la distance entre la Terre et la Lune était celle de soixante rayons terrestres.

C'est à dessein que j'évoque ici des exemples peu connus sans vouloir même parler des grands savants helléniques que tout le monde connaît qui jetèrent les bases de la géométrie, Archimède, Euclide.

La civilisation de la Grèce antique est donc sans conteste à l'origine de la pensée scientifique, de la science. Il est pourtant impossible de prétendre de l'Antiquité classique qu'elle était « moderne » au sens où l'entendent nos commémorants de l'an 2000.

Ainsi l'an 2000 ne sera pas la fête de la science.

L'an 2000 sera, nous l'avons dit, la « fête des temps modernes ». Mais la science a commencé vingt siècles avant les temps modernes dont l'origine peut se fixer au XVe siècle de notre ère. Donc la modernité ne saurait se réduire à la science pure.

Qu'est alors la modernité ?

On pourrait la définir comme la science « appliquée », comme un ensemble *efficace* de sciences et de techniques.

La plupart des techniques modernes sont certes inconcevables sans recherche scientifique. Mais la recherche scientifique peut ne pas se traduire en techniques.

Les inventions grecques restèrent des jeux de l'esprit (sauf dans le domaine militaire où l'on tenta des applications ; Archimède faisant brûler les bateaux ennemis à l'aide de miroirs solaires lors du siège de Syracuse par exemple).

Les Chinois, de leur côté, connaissaient et avaient probablement inventé la boussole et la poudre. Mais ils se contentèrent avec la poudre d'organiser des feux d'artifice ; ce qui réjouira les pacifistes.

Alors pourquoi ayant beaucoup inventé, beaucoup théorisé, Grecs et Chinois ne se sont-ils servis de rien ?

C'est qu'il leur manquait la volonté, spécifiquement prométhéenne ; c'est-à-dire la volonté de modifier les choses.

Cette volonté ne manquait plus aux Européens de la Renaissance ; elle leur permit avec la poudre de construire des canons et avec la boussole de naviguer tout autour du monde.

Ainsi les temps modernes se caractérisent par la métamorphose de la science théorique, infiniment plus ancienne, en techniques efficaces ; par l'irruption de la science dans la vie quotidienne des hommes ; par l'« efficacité », c'est le terme pertinent, de plus en plus grande des techniques inspirées par la science.

Il nous semble indiscutable que la « modernité » est un facteur nouveau dans l'Histoire, historiquement daté ; une mixture culturelle dont nous devons chercher à dissocier les éléments pour en comprendre les ressorts.

J'en proposerai trois : la capacité de changement, la conception de l'homme comme étant un individu et l'esprit critique.

La première idée nécessaire à l'élaboration

d'une modernité me semble être la conviction que le changement est possible.

Aujourd'hui, le mot « changement » est devenu un slogan politique positif ; il n'est pas un candidat aux élections, qu'il soit de droite ou de gauche, qui ne le promette. Nous sommes habitués à l'idée que le changement est en lui-même bénéfique, à l'idée que de toute façon le monde change. Nous imaginons mal que le mot et la chose soient caractéristiques de notre culture.

Pourtant, avant les temps modernes, ou bien en dehors d'eux (car même aujourd'hui les hommes ne sont pas exactement contemporains ; il subsiste des « distorsions temporelles », chacun comprendra par exemple que certaines ethnies, de plus en plus rares il est vrai, d'Amazonie ou de Nouvelle-Guinée vivent encore aux rythmes de la Préhistoire), en bref, dans *toutes* les autres cultures, le changement est considéré comme un grand mal ; mieux, comme le mal absolu.

Faire autre chose que ce que firent les Anciens est un péché. La « réplication » du passé reste la norme contraignante.

L'idée de « progrès » y est donc, à proprement parler, inimaginable.

Les Grecs et les Romains avaient une idée circulaire du temps. Pour eux, n'existait aucune nouveauté, seulement un éternel recommencement.

Cette conception à vrai dire ne leur était pas particulière ; c'était la croyance générale de toutes les civilisations en dehors de celle qui a surgi avec les temps modernes.

On en trouve l'expression jusque dans la Bible, (laquelle pourtant dans son ensemble est orientée différemment, nous le verrons) : « Ce qui a été, cela sera ; ce qui est fait se refera. Il n'y a rien de nouveau sous le soleil ! », y affirme le nommé Qohelet (Ecclésiaste, I, 9).

Les Chinois de Confucius disaient et pensaient exactement la même chose. Aux Indes, bouddhistes et hindouistes voulaient échapper à l'« éternel recommencement », à la « roue du temps et de la souffrance », en s'enfonçant dans une intériorité mystique.

Aucune exception à ces convictions. Pour l'islam lui-même ; et là nous comprenons comment l'univers musulman qui imagina l'algèbre a pu, à l'instar du grec, être scientifique sans être moderne ; pour l'islam, il s'agit uniquement de se conformer aux préceptes du Prophète ; tout a été dit, une fois pour toutes et définitivement sous la dictée de Dieu par Mahomet dans le Coran qui clôt la révélation.

En dehors même de l'Ancien Monde les isolats culturels d'Amérique (alors inconnus des civilisations de la Méditerranée, du Proche-Orient et de l'Asie), Aztèques, Mayas, Incas, avaient exactement la même conception de l'immobilité des choses. Et si les Aztèques pressentaient l'irruption possible dans leur univers de la nouveauté, celle-ci ne pouvait être conçue que maléfique et tragique (ce qu'elle fut effectivement au moment de la conquête espagnole).

Quant aux animistes africains, ils vivaient totalement immergés dans les pulsions cosmiques de la nature.

Toutes ces civilisations, parfois grandioses, toutes ces cultures, toujours sublimes en art plastique, en peinture, en sculpture, manquaient donc du substrat mental qui leur eût permis de désirer le changement, et même de le concevoir.

Pourquoi les Grecs et les Chinois ayant tout inventé ne se sont servis de rien ? nous demandions-nous. La réponse est certainement à chercher du côté de leur incapacité à concevoir le changement, et qu'un changement puisse être utile. L'idée du changement utile, ce que nous appelons le « progrès », surgit seulement dans l'Histoire avec les prophètes juifs.

Isaïe, Jérémie, Ezéchiel, quelques siècles avant

notre ère, ne sont pas seulement des prophètes de malheur ou de soumission, même s'ils ne méconnaissent pas le côté tragique des choses. Ils attendent un changement bon qui transformera la réalité de manière positive. C'est cela que nous nommons le « messianisme ».

Le prophète Jésus ne fait que continuer ses grands prédécesseurs quand il affirme qu'une rupture positive avec la tradition est non seulement possible mais souhaitable : « Les Anciens vous ont dit ceci ; moi je vous dis autre chose » (Matthieu, V, 21). « Cette parole est difficile à admettre », pensaient pourtant encore ses auditeurs (Jean, VI, 60).

Ainsi, la conception juive puis chrétienne du temps n'est plus celle de l'« éternel retour » ; c'est celle d'une Histoire qui se dirige vers un objectif.

La flèche, non plus la roue !

Voici qu'apparaît sur la Terre l'instrument mental nécessaire pour utiliser et même appeler le changement ; c'est-à-dire pour passer de la science théorique à ses applications pratiques.

La deuxième composante de la modernité me semble être l'esprit critique.

Cartésiens, nous sommes habitués à l'esprit critique, à l'exaltation du rationnel. Nous comprenons mal que les autres cultures humaines donnaient la primauté à l'irrationnel.

Or, l'esprit critique est le noyau dur de la pensée scientifique.

La science ne peut avoir de limites. On ne saurait au nom de quelque idéologie ou théologie dresser des bornes à ses ambitions, contrecarrer ses mises en cause. Le travail critique, commencé il y a vingt-cinq siècles dans la Grèce présocratique, a trouvé son expression achevée dans le *cogito* de Descartes au XVIIe siècle de notre ère.

C'est avec raison que les scientifiques mettent leur passion à démonter les « Meccano » de la réalité.

Les marxistes ont dévoilé les rapports de production et de force qui se dissimulaient derrière les systèmes moraux ou sociaux. Les psychanalystes ont libéré l'« inconscient », ils ont déchiffré les lapsus et démasqué l'hypocrisie des « bons sentiments ». Les astronomes et physiciens ont essayé avec Galilée, Copernic, Newton, Einstein, reprenant les efforts de l'antique école d'Alexandrie, d'aller au-delà des apparences pour repenser la structure même de la matière et de l'univers. Les biologistes et généticiens démontent l'infiniment complexe de la vie et du cerveau, fût-il humain.

Les mathématiques ont rendu tout le reste possible.

Que peut faire la science, si ce n'est essayer, inlassablement, de tout démonter, de tout remonter dans le même ordre ou dans un ordre différent ; de tout expliquer ?

Il est absurde de reprocher aux chercheurs ce grand effort. Ils sont faits pour cela ; pour décrypter. La réalité est infiniment plus complexe et plus merveilleuse que ses apparences. Il faut se garder d'en retenir une seule explication. Il est au contraire nécessaire de les retenir toutes, car marxistes, psychanalytiques, structuralistes, physiques, mathématiques ou génétiques, toutes sont vraies en même temps et partiellement. Ces explications sont des clefs. Et l'on mutile la réalité si l'on se sert d'une seule clef pour en ébaucher la signification rationnelle. Cent clefs, mille clefs ne sont pas de trop. La science doit démonter pour démontrer. Cet essai n'est pas un essai antiscientifique ou antimoderne, ce serait un contresens de le penser. L'auteur a toujours été fasciné par les « merveilles de la science ». L'esprit critique seul permet de jouer de toutes les clefs possibles. Et l'esprit critique a besoin de liberté, il ne saurait se soumettre à aucun dogme.

En ce sens, les civilisations théocratiques sont

ses pires ennemis. A ceci près que la « théocratie », malgré le sens grec du mot (« gouvernement de Dieu »), peut être, l'expérience stalinienne nous l'a appris, parfaitement athée. Il faudrait donc mieux parler d'« idéocratie ».

Le slogan de la Révolution française, inscrit sur les drapeaux des soldats de l'An II « La liberté ou la mort » (même si la Révolution est devenue en 1793, elle-même une idéocratie), ce slogan est particulièrement vrai dans le domaine de la recherche scientifique. Or, les civilisations irrationnelles, théocratiques ou idéocratiques, furent les plus nombreuses à exister sur la Terre, et la Révolution a coupé le cou de Lavoisier, son plus grand savant.

La troisième idée nécessaire à l'apparition de la modernité me paraît être la notion d'« individu ». Là aussi, nous sommes tellement individualistes, narcissiques. Nous avons tendance à croire que la notion d'individu est universelle ; erreur grossière. En réalité, l'idée d'individu est exceptionnelle.

Jadis, en Chine, aux Indes, tout autant que dans l'Egypte des Pharaons et dans l'empire inca, il n'y avait pas d'individus, en dehors des classes dirigeantes, seulement des masses. Et les classes dirigeantes elles-mêmes étaient étroitement soumises à un « sur-moi » culturel puissant qui empêchait toute déviance personnelle, toute dérive.

L'Indien d'Amazonie, l'Aborigène australien, ont beaucoup de mal à se concevoir comme étant distincts de leurs groupes. Il en était de même de tous les hommes dans toutes les civilisations, jusqu'au surgissement dans un petit canton de l'univers de la Grèce classique, dans la mouvance d'Athènes, plus précisément vers le ve siècle avant Jésus-Christ, de cette idée subversive que l'individu est la vraie mesure de la réalité, que le « microcosme » humain renseigne sur le « macrocosme » universel.

« Connais-toi toi-même, et tu connaîtras l'univers et ses dieux » est une sentence véritablement fondatrice, maxime socratique même si elle est certainement plus ancienne que Socrate. Pour Protagoras de vingt ans son aîné, déjà « l'homme est la mesure de toutes choses » ; l'« homme », c'est-à-dire l'« individu ». L'idée d'individu allait ensuite faire carrière dans le monde romain puis chrétien. Surtout, l'individu sera le héros des temps modernes.

Après la bataille des Pyramides le 21 juillet 1798 près du Caire, les notables de la grande ville viennent donner les clefs au vainqueur qui les attend dans son camp. L'individu moderne a le visage du très Méditerranéen Bonaparte, mais il s'appelle aussi rationalité, goût du changement, révolution. Il ne s'agit plus de se soumettre à la volonté de Dieu ou du destin ; il s'agit d'attaquer, d'organiser. « Dieu est grand », disent les notables du Caire à Bonaparte. Il leur répond laconiquement : « Oui, mais moi je suis là. » Tout est dans ce blasphème ! Le triomphe de l'individu sur la force des choses est consommé.

CHAPITRE 4

Pourquoi la civilisation gréco-romaine n'était-elle pas moderne ?

D'une certaine manière la culture gréco-romaine est très proche de la nôtre, et pas seulement parce qu'elle en est la matrice.

Nous pouvons facilement nous mettre « dans la peau » de Jules César, archétype de l'homme romain. C'est un individu très affirmé, conscient de son destin particulier.

« Tu portes César et sa fortune », disait-il au patron pêcheur qui lui faisait traverser le détroit d'Otrante dans la tempête. C'est aussi un esprit puissamment critique ; comme beaucoup de dirigeants romains il ne pouvait regarder sans sourire officier les haruspices, mages animistes de Rome. A la vérité, il ne croyait ni à Dieu ni au Diable.

Pendant la guerre civile, débarquant en Tunisie à la tête de ses légions, il tomba par terre, ce qui était un mauvais présage. Aussitôt, il renversa le sens du symbole en s'écriant : « Terre d'Afrique, je t'ai saisie. »

Par contraste, nous avons beaucoup de mal à nous mettre dans la tête de Vercingétorix, le héros gaulois, magnifié par la Troisième République. C'est que les tribus gauloises vivaient encore, culturellement, au néolithique agricole ; enfermées dans un univers mental archaïque, au sens littéral « préhistorique ». Elles furent subjuguées par la discipline, l'organisation, la stratégie de César.

D'une certaine manière la conquête des Gaules par Jules ne fut qu'une aventure coloniale, tout à fait semblable à celle que Lyautey mènera au début du XXe siècle au Maroc contre les tribus berbères.

Nous pouvons aussi nous mettre « dans la peau » de Périclès, quand nous relisons chez Thucydide ses réflexions sur la ville qu'il dirigeait, Athènes (« Discours aux morts de la Cité ») : « L'Etat chez nous est administré dans l'intérêt du plus grand nombre et non d'une minorité ; de fait notre régime a pris le nom de Démocratie, l'égalité est assurée à tous par les lois. » Même si Périclès passe sous silence le problème de l'esclavage, ces paroles nous semblent étonnamment de notre époque ; on croirait entendre Gambetta.

Du reste, en matière d'égalité devant la loi, Rome ne le cède en rien à Athènes. Quand nos juristes relisent le droit romain, ils ne sont guère dépaysés. Or, l'idée d'individu implique le respect d'une même loi par tous, la souveraineté de la loi ; idée romaine.

Au Ier siècle de notre ère, le rabbin Saül de Tarse, plus connu sous le nom de Paul, suscita, involontairement, une émeute dans la ville d'Ephèse. Les marchands d'objets de piété qui profitaient du culte de la grande déesse Artémis ayant bien compris que le dieu de Saül menaçait leurs intérêts, entraînèrent l'apôtre au théâtre, en foule, et commencèrent à le lyncher. C'est alors qu'intervint le représentant de la loi romaine.

« Ephésiens, dit ce fonctionnaire, tout le monde sait que la ville d'Ephèse est la gardienne du temple de la grande Artémis et de sa statue tombée du ciel. Cela étant, tenez-vous tranquilles. Vous avez amené ces gens (Paul et ses compagnons), ils ne sont coupables ni de sacrilège ni de blasphème envers votre déesse. Si les commerçants et les artisans d'Ephèse ont des griefs contre eux, il y a des audiences ; il y a des proconsuls ; qu'ils portent plainte. Et si vous avez quelque autre affaire à débattre, on les résoudra dans l'assemblée municipale. Aussi bien risquez-vous d'être accusés de sédition pour ce qui s'est passé aujourd'hui, puisqu'il n'existe aucun motif qui vous permette de justifier cet attroupement. » Et sur ces mots, il congédia la foule. (Actes des apôtres, XIX, 35-40.)

Ne croirait-on pas entendre parler un préfet de la République française, du temps où il y avait encore un Etat ?

Et puis quand, aujourd'hui, nous visitons, y compris Ephèse, les ruines grecques ou romaines qui encerclent la Méditerranée d'une auréole de lumière, nous nous sentons chez nous ; sans y éprouver cette impression d'étrangeté que suscitent en nous les gigantesques ruines pharaoniques d'Egypte.

Rome est donc très proche de nous. Cependant si les idées modernes d'esprit critique et d'individu existent à Athènes et à Rome, nous savons déjà que Grecs comme Romains restent prisonniers d'une conception « circulaire » du temps ; conception qui leur interdit de concevoir le changement.

CHAPITRE 5

Pourquoi la civilisation du Moyen Age européen n'était-elle pas moderne ?

Malgré les apparences, la civilisation des cathédrales est plus proche de la nôtre que celle de l'Antiquité. Quand on entend nos chroniqueurs, y compris Alain Minc *(Le Nouveau Moyen Age*, Gallimard, 1994), parler à tout bout de champ du Moyen Age comme d'un équivalent de la barbarie, il faut y voir le signe éclatant de leur inculture.

J'ai personnellement la plus grande admiration pour l'époque médiévale que je tiens pour l'une des plus brillantes de l'Histoire, à la condition évidente de limiter le Moyen Age à la période qui s'ouvre vers l'an 1000 et se termine en 1453 ; xie, xiie, xiiie, xive siècles de notre ère, voilà la période médiévale européenne ; les siècles précédents entre la chute de l'empire romain et le xe siècle définissant une période tout à fait différente dont nous reparlerons.

Restons-en donc au vrai Moyen Age, entendu dans ces limites-là.

Il s'agit d'abord, contrairement à ce qu'on pense généralement, d'une époque de grands changements.

Le Moyen Age a inventé les techniques agricoles de l'assolement triennal, de la charrue à socle et à roues. Il a inventé le collier d'épaule qui permit enfin d'utiliser à plein la force des chevaux étranglés dans l'Antiquité par leur attelage de cou (c'est pour cette raison qu'il fallait aux Romains quatre chevaux pour traîner un char de course), il a inventé le moulin à vent.

Militairement, le Moyen Age a révolutionné l'équitation par l'emploi des étriers qui permet aux cavaliers de charger à la lance ou d'attendre le choc, sans être désarçonnés, bien plantés sur leurs étriers. Au contraire, le cavalier de l'Antiquité, sans étriers, comme nous le font voir les frises du Parthénon, jouissait d'un équilibre précaire. Il ne pouvait charger ; seulement lancer en s'enfuyant la fameuse « flèche du Parthe ». C'est à ce moment que d'arme légère la cavalerie devient arme lourde, la « chevalerie ».

C'est aussi le temps de l'apparition du canon,

et sur les bateaux, du gouvernail. L'architecture médiévale fut très innovante. On y généralisa l'usage de la cheminée dans les habitations, même modestes et paysannes, alors que les Romains s'enfumaient dans leurs palais autour de braseros. Les châteaux forts y furent impressionnants. En France, ils ont été démantelés par nos rois, mais il suffit de visiter en Syrie le krak des Chevaliers pour être saisi de stupeur.

On parle avec raison du « miracle grec » pour les temples athéniens, mais ne faudrait-il pas parler aussi du « miracle médiéval » si l'on prend en compte la merveilleuse couronne de cathédrales qui entoure Notre-Dame de Paris ; sans parler de la sculpture et de la peinture sauvées du néant auquel les destinait l'iconoclasme musulman ou byzantin ; de facture romaine (romane) mais avec l'innovation du sourire, ce fameux « sourire de Reims », qui signe l'irruption de la tendresse dans l'Histoire.

Le Moyen Age fut aussi une période de grande liberté. J'en surprendrai plus d'un mais c'est un fait que datent de cette époque les franchises et libertés communales, la participation de presque tous au gouvernement de la cité, beaucoup plus qu'à Athènes malgré les dires de Périclès. Dans les prospères cités marchandes de Flandre ou d'Italie, Bruges, Gand, Sienne, Florence, Venise, dans la prestigieuse capitale capétienne, Paris, il n'y a plus d'esclaves ou presque.

Il y a surtout la femme.

Comme Lewis Mumford l'a noté dans son livre-somme *La Cité à travers l'Histoire*[1], il n'y avait pas de femmes sur l'Agora d'Athènes.

Au XIIIe siècle, au contraire, la femme circule dans les rues et les marchés ; dans les classes dirigeantes ou bourgeoises, elle accède à la culture. A dix-sept ans, Héloïse lisait Platon dans le texte.

Partout ailleurs, au moment des repas, la femme se tient debout, servant les hommes, là elle préside la table et même les tournois. Il suffit d'avoir quitté le giron de la vieille Europe pour constater qu'ailleurs, la femme est « enfermée », comme absente de la vie publique. Elle est la « mère », et derrière les murs clos de la maison, derrière eux seulement, son pouvoir est grand. Elle peut être la « courtisane » ; et l'on sait l'extraordinaire raffinement de l'érotisme indien ou chinois. Mais elle est absente de la place publique et du débat politique, sauf exception.

Les sociétés traditionnelles, qui méconnaissent l'individu en général, méconnaissent encore

---

1. Seuil, 1994.

davantage l'individu féminin. Elles font peu de place à l'amour, sauf dans les poèmes, à la manière dont les chrétiens chantent chez Marie une virginité qu'ils ne pratiquent pas. Le Moyen Age au contraire invente les rites de « courtoisie » et l'amour passion. Faire la cour aux femmes devient, pour les mâles, une occupation majeure. Quant au domaine politique, l'aventure extraordinaire et pourtant tellement attestée (les comptes rendus de deux procès, celui de condamnation et celui de réhabilitation) de Jeanne d'Arc témoigne de l'irruption soudaine de la femme dans la grande politique d'Etat. C'est un acquis essentiel du Moyen Age.

On ne peut imaginer à quel point sont désavantagées les sociétés qui se privent du savoir-faire public des femmes. Les pôles féminins et masculins sont tous deux également indispensables à la mise du corps social sous « haute tension ». Cependant, si les idées modernes d'individu et de changement cxistent dans la société médiévale, les hommes de ce temps restent prisonniers d'une pensée non critique, théologique ou théocratique ; même lorsqu'il s'agit d'un penseur aussi célèbre qu'Abélard, l'amant d'Héloïse.

Dans la chrétienté médiévale l'esprit critique

est écrasé sous le poids de la Sorbonne et pourchassé par l'Inquisition.

A l'Antiquité classique manquait l'idée de changement.

A la chrétienté médiévale manquait l'esprit critique.

La modernité surgit alors d'un accident historique.

La confluence dans l'Europe de la Renaissance, au xve siècle de notre ère, des deux traditions les moins éloignées de la modernité, la grécoromaine et la médiévale.

En 1453, les Turcs s'emparent de la ville de Constantinople, dans laquelle, malgré l'immobilisme byzantin, était conservé plus qu'ailleurs l'esprit critique helléniste. Dès avant la chute de la ville et encore longtemps après, des milliers d'intellectuels grecs se réfugient en Italie. Beaucoup y réussiront fort bien jusqu'à devenir cardinal comme Bessarion.

Alors se produit une « fusion » culturelle à haute température. Alors est atteint en Italie, au xve siècle, le « point critique » (c'est à dessein que j'emploie un vocabulaire « nucléaire ») d'où surgissent, selon nos vieux manuels d'histoire scolaire (et ils voyaient juste : vive le Malet-Isaac !), les « temps modernes », dont la date d'origine est fixée par eux, par convention, justement à ce moment de l'an 1453.

Pour la première fois sur la Terre, les trois idées nécessaires à l'éclosion de la modernité sont réunies, agissantes en un même moment, un même lieu : la possibilité mentale de concevoir le changement héritée du messianisme judéo-chrétien avec l'esprit critique et le sens de l'individu hellénistiques.

En très peu de temps, c'est alors la « Renaissance », c'est-à-dire l'explosion, dont les contemporains eurent bien conscience, de la petite Europe sur le monde en un extraordinaire feu d'artifice. Tournant le dos à l'islam, figé dans ses certitudes éternelles, l'Europe se lance sur les mers avec des navires modernes dirigés à la boussole et sur lesquels on sait **« faire** le point » et que la Terre est ronde ; traînant derrière soi ses canons. La science est devenue enfin, pour le meilleur et pour le pire, efficace, opératoire. Au xviiie siècle, l'*Encyclopédie,* œuvre colossale et collective, animée par Diderot, réunit pour ses trente-cinq volumes, cent cinquante collaborateurs ultramodernes dont Voltaire, Montesquieu, Rousseau, Helvétius, Condillac, Daubenton, Marmontel, Quesnay, Turgot, d'Alembert, et j'en passe.

Malgré les chicaneries, ce monument de la langue française et de la modernité sera achevé en 1772. Les révolutions politiques et industrielles suivront de peu.

CHAPITRE 6

La modernité résulte d'un accident historique, elle n'est nullement inéluctable

La modernité aurait pu ne jamais advenir sur la Terre. Elle n'est pas inéluctable.

S'il y a d'autres humanités sur d'autres planètes, d'autres systèmes solaires, elles ne sont peut-être jamais devenues « modernes ».

Par exemple sur Terre, l'immense civilisation chinoise ignore l'individu, méprise l'esprit critique et hait le changement. Toute la tension des romans asiatiques de Malraux *(La Condition humaine, Les Conquérants)* naît précisément de cette confrontation des individus « européens » et des masses asiatiques.

La Chine est une société mandarinale. La liberté de jeu et d'innovation y était très faible. La question précisément est de savoir si ce fait est en train de changer. Si la Chine s'éveille, ou pas.

Jusqu'à une date récente, le Chinois vivant en Chine fut peu innovant, mais arraché à son pays, transplanté en « diaspora », délivré en partie du poids du mandarinat, il pouvait au contraire à Singapour, Taïwan ou Hong-kong, développer ses immenses qualités.

C'est ici que l'on peut placer ce que j'appellerais la « comparaison des deux Chines ».

Dans l'Ancien Monde existaient deux masses humaines de même importance et vivant sous les mêmes climats, aux mêmes latitudes ; à l'orient le sous-continent chinois dont le centre de gravité s'est déplacé lentement des terres jaunes du nord vers le Vietnam ; à l'ouest, le sous-continent d'Occident, auquel la géographie impose des limites moins contraignantes et dont le centre de gravité humain se déplacera par à-coups du Proche-Orient à la Grèce, de la Grèce à la Méditerranée de l'ouest ; de la Méditerranée à l'Europe occidentale, de l'Europe à l'Amérique du Nord.

Ces deux masses humaines ont eu, et ont encore, le même poids démographique à toutes les époques. Aujourd'hui si l'on compte plus d'un milliard de Chinois, on compte autant d'Occidentaux, en y incluant, comme il est naturel, Russes et Américains. J'appelle cette masse de l'Ouest la Chine occidentale.

Ce qui masque la ressemblance des deux Chines c'est que la Chine occidentale s'est compartimentée en de nombreux Etats-nations, alors que celle d'Orient est restée un empire. Mais au commencement il n'en était pas ainsi.

L'évolution des deux mondes fut très longtemps parallèle. Au IIe siècle de notre ère, à l'empire romain des Antonins en Occident répond très exactement à l'Orient l'empire chinois des Han : même organisation impériale, même organisation de la frontière ; au *limes*, muraille fortifiée romaine qu'on peut admirer encore entre l'Angleterre et l'Ecosse, répond la muraille de Chine. D'ailleurs ces deux mondes se connaissaient et commerçaient par l'intermédiaire de la Perse, des Indes ou de l'Asie centrale.

Mais quand, au XVIe siècle, les premiers Européens atteignent la Chine en bateau, le décalage est déjà énorme entre les nations compactes et modernes d'Occident et le vieil empire archaïque et mandarinal ; au XIXe siècle, le décalage de modernité deviendra abyssal.

Si le choc en retour de la modernité européenne ne l'avait pas ainsi frappée, la Chine aurait pu subsister telle qu'en elle-même, millénaire après millénaire.

Pourquoi alors le Japon, enfant de la Chine, a-t-il changé ?

Au siècle dernier, le Japon était encore une sorte d'Ethiopie, enfermé dans son immobile culture chinoise. Mais le Japon avait un atout que l'immense Chine n'avait pas, le Japon était une véritable et compacte nation, et non un empire disparate. Quand la flotte des Etats-Unis s'en vint mouiller, canons braqués, dans la baie de Tokyo, les Japonais se tinrent le raisonnement suivant : si nous ne les imitons pas, ces chiens d'Occidentaux vont nous manger. Et le Japon apprit à devenir moderne. Le 9 novembre 1867 le jeune empereur Mutsu Hito et ses conseillers modernistes, chassèrent le maire du palais, le *shogun*, et proclamèrent l'ère *meiji*, l'ère nouvelle.

En 1905, le Japon écrasa l'empire des tsars en Mandchourie. En 1941, il fit à Pearl Harbor trembler l'Amérique (la seule puissance qui ait jamais vraiment fait peur aux Etats-Unis fut le Japon). Le Japon reste encore aujourd'hui, malgré sa petite taille, la troisième puissance mondiale. L'exemple japonais ne contredit donc pas notre affirmation, illustrée par la Chine, que la modernité n'est pas inéluctable. Sans le levier du patriotisme, comme la Chine le Japon serait resté immobile.

La modernité agit non par démonstration rationnelle, mais à la manière d'une épidémie

La société la plus moderne modifie l'autre par sa seule présence.

Il n'existe pas de culture supérieure. La culture moderne n'est pas, loin s'en faut, moralement supérieure à l'archaïque ; encore moins artistiquement supérieure, mais elle élimine l'autre implacablement.

Dans le film de Fellini *Roma*, on voit une image forte qui peut illustrer notre propos. On creuse le métro romain et soudain les marteaux-piqueurs débouchent dans une vaste salle oubliée, couverte de magnifiques fresques pompéiennes. Or, quand l'air du XXe siècle fait irruption dans la salle romaine, à son seul contact, les merveilleuses peintures du passé s'effacent !

Jamais cette vérité ne fut plus tragique que lors

de la journée du 16 novembre 1532 qui vit les Espagnols abattre l'empire inca. Rappelons les faits.

Quand, au XVIᵉ siècle, les Espagnols y débarquent, l'empire inca, que ses habitants appellent le *Tahuantinsuyu*, est un Etat immense. Il s'étend de l'actuelle Colombie au nord, à l'actuel Chili au sud, et du Pacifique à l'ouest, à la forêt amazonienne à l'est. Son centre est la ville royale de Cuzco. Dix millions de patients agriculteurs le peuplent auxquels nous devons le maïs, la pomme de terre, le tabac. Ses monuments et forteresses sont cyclopéens. Ses routes gardées sont parcourues sans cesse par des courriers impériaux. L'armée y est puissante et forte d'au moins trente mille soldats permanents dont l'armement — arcs, piques, flèches, masses d'armes — n'est guère inférieur à celui des Espagnols dont les mousquets tiraient mal et lentement.

L'Inca (l'empereur) avait laissé venir Pizarre sur l'Altiplano en son camp de Cajamarca. Il avait été informé du débarquement de ces « extraterrestres » (les Incas ignoraient l'existence de l'Ancien Monde) et il voulait se rendre compte *de visu* du phénomène. Les Espagnols n'étaient d'ailleurs que quelques centaines avec quelques dizaines de chevaux ; l'empereur que dix mille soldats de sa garde entouraient pensait ne prendre aucun risque.

Or, avec une audace inouïe, les Espagnols s'emparèrent de sa personne et l'empire s'écroula.

Pour expliquer cette issue fatale on a argué de la supériorité des armes modernes. En fait rien n'eût pu empêcher l'armée impériale de massacrer ces intrus tellement éloignés de leurs bases. Rappelons qu'en quelques heures les Indiens s'habituèrent aux fusils, qu'en quelques jours ils devinrent eux-mêmes d'excellents cavaliers. Les Indiens ne connaissaient pas le cheval avant l'arrivée des Espagnols et marchaient à pied. Non vraiment l'explication militaire ne tient pas. Alors ?

Alors il faut comprendre que l'empire inca était seulement un grand Etat « néolithique ». Il sortait à peine de la Préhistoire. L'on y savait déjà compter à l'aide de cordelettes, les *quipus*, mais on y ignorait l'écriture.

On peut le comparer à l'ancien empire égyptien. L'empereur inca Atahualpa est en fait le contemporain de Chéops. Tout d'ailleurs chez les Incas rappelle l'empire égyptien : même civilisation agricole méticuleuse ; même partage des terres entre paysans, prêtres et nobles ; même culte solaire, comme Pharaon l'Inca est le représentant du Soleil ; même architecture cyclopéenne ; même hiérarchie, même bureaucratie.

Pizarre et ses guerriers font irruption chez Pharaon. Des hommes modernes, des hommes de la Renaissance affrontent des hommes du troisième millénaire *avant* Jésus-Christ. Quarante siècles les séparent et des années-lumière culturelles.

La modernité fait la différence.

Du côté espagnol, des sortes d'« extraterrestres », ultramodernes « dans leur tête », bien plus que dans leur armement. Ce sont des supercommandos qui ne craignent ni Dieu ni Diable, même s'ils font semblant d'être chrétiens.

Le film *Aguirre* les a superbement et fort véridiquement décrits, individualistes, entreprenants, nietzschéens avant la lettre, « maîtres d'eux-mêmes comme de l'univers ». Du côté indien, des hommes courageux mais appartenant à la Préhistoire, figés dans une immobile tradition, irrationnels, sans liberté aucune et surtout incapables d'initiatives, soumis à un ordre immuable et écrasant qui les empêche de réagir à l'imprévu.

Le coup de main de Pizarre, prenant l'Inca suprême en otage (comme le ferait aujourd'hui un vulgaire pirate de l'air), brise leur volonté. L'univers mental des Indiens s'efface en ce jour maudit comme les fresques pompéiennes du film de Fellini lors de leur exposition à l'air. Cet écroulement psychologique est suivi d'un écroulement militaire, d'un écroulement de l'Etat, et d'un effondrement démographique majeur, mais c'est dans leur tête que d'abord ça a lâché chez les Indiens. En voyant aujourd'hui leurs descendants du Pérou ou de Bolivie, on peine à imaginer les splendeurs de leur culture passée.

Ainsi on peut penser que Pizarre et ses Espagnols auraient détruit le monde des Pharaons si l'ironie des dieux les avait mis en présence.

Ainsi peut-être, un jour, pour nous-mêmes, des extraterrestres...

La modernité que nous allons célébrer à l'occasion de l'an 2000, est donc une réalité forte, conquérante, constructrice mais aussi destructrice. Pourquoi alors le titre de cet essai : *L'Illusion de l'an 2000* ?

Ce ne sont certes pas des fantômes ou une illusion qui ont anéanti l'empire inca ou transformé l'Ancien Monde.

Les célébrants du troisième millénaire n'ont-ils pas raison ? Qu'importe que la modernité ait seulement cinq siècles et non pas vingt ! Ne faut-il pas s'en émerveiller ? Sans doute, même si l'on ne doit pas oublier certaines de ses conséquences tragiques comme la destruction de l'empire inca. Le progrès ou la révolution prométhéenne existent, indiscutables, pour le meilleur et pour le pire. L'illusion est alors de croire que la modernité a changé ou pourra changer l'homme lui-même ; de croire que l'homme du troisième millénaire sera différent. La modernité est seulement un Meccano culturel qui allie les sciences avec une efficacité technique. En elle-même elle n'est bonne ni mauvaise. Il faut l'apprécier dans ses effets dont certains sont excellents comme le progrès technique ou l'élévation du niveau de vie, et d'autres tragiques, comme l'annihilation de l'empire inca que nous venons de raconter.

Nous avons constaté que la modernité ne peut se passer d'idées qui la permettent. Etudiant les conditions mentales nécessaires à l'esprit de modernité, nous avons reconnu que beaucoup de civilisations, et de fort brillantes, ne portaient pas la modernité en elles. Nous avons parlé de la Chine. Mais l'islam a le même problème ; fort capable de créer la science (nous l'avons reconnu), l'islam a toujours eu des problèmes avec le monde moderne. Tous les « modernistes » musulmans l'ont éprouvé qu'il s'agisse de Mustafa Kemal en Turquie, de Nasser en Egypte ou de Bourguiba en Tunisie.

A l'opposé nous avons discerné une liaison évidente entre le message des Evangiles et l'idée des droits de l'homme.

La « déclaration des droits » de 1789 est en effet une espèce d'évangile laïcisé. « Les hommes naissent et demeurent libres et égaux en droits. »

Cette superbe sentence est une affirmation de foi. Sa vérité exige qu'on aille au-delà des apparences des choses. De même qu'en apparence, la Terre est plate, en apparence les hommes sont très inégaux. C'est d'ailleurs ainsi, répartis dans une stricte et immuable hiérarchie, que les concevaient les cultures traditionnelles.

On peut donc facilement démontrer que la modernité a besoin d'idées porteuses de civilisations ouvertes qui la puissent concevoir.

Il est une autre vérité cachée que les célébrants de l'an 2000 n'ont pas vue et ne veulent pas voir, cette vérité cachée est la suivante :

La modernité permet d'agir et non pas de trouver des raisons de vivre. Les valeurs de la modernité ont transformé la planète, il est vrai ; l'esprit d'entreprise, le goût de l'action, l'amour du changement, la volonté critique se sont imposés à l'Europe, au moment de la Renaissance, et l'Europe, puis les Etats-Unis, les ont imposés au monde.

La modernité est excellente pour l'invention, la conquête, le mouvement. C'est une culture d'entrepreneurs, de savants et de blasphémateurs que Bonaparte, « Diderot casqué » à la tête des soldats de la Révolution, entouré des membres de l'Institut, incarna si bien dans l'expédition d'Egypte de 1798, face à l'immobilité méprisante de l'islam.

Mais excellente pour l'action et l'entreprise, la modernité ne donne à l'être humain aucune raison de vivre, ni aux individus, aucune raison de vivre ensemble. Comme l'écrit Malraux[1] : « C'est la première civilisation capable de conquérir la Terre, non d'inventer ses propres temples ni ses tombeaux. »

La modernité, civilisation qui donne des raisons d'agir et non des raisons de vivre, le premier qui prit conscience de cela fut Rabelais. Il écrivit en 1532 dans *Pantagruel* : « Science sans conscience n'est que ruine de l'âme. »

C'est dire que la science n'est nullement porteuse de conscience, qu'elle n'est pas immorale mais amorale.

Si cette affirmation rabelaisienne est vraie, si

---

1. *Antimémoires*, Gallimard, 1967.

les valeurs des temps modernes, efficaces pour l'action, ne le sont pas pour la vie, pour la conscience, comment alors le monde industriel dont ces valeurs constituent le moteur a-t-il pu durer depuis son surgissement de la Renaissance jusqu'aujourd'hui ?

La réponse s'impose.

Si en Europe, en Amérique, au Japon « ça a marché », c'est que les gens de ces pays, s'ils avaient adopté les valeurs de la modernité pour agir, avaient gardé pour la vie de tous les jours leur « conscience », c'est-à-dire leur vieux fonds de civilisation, leur « capital éthique », dirais-je ; un christianisme sécularisé en Occident et la sagesse shinto au Japon.

Les questions qui se posent en effet à l'homme, depuis l'événement invisible de l'« hominisation », sont les suivantes : pourquoi vivre ? et surtout, pourquoi vivre ensemble ?

La modernité ne répond pas à ces questions-là.

La culture moderne nous est utile pour organiser des sociétés de plus en plus techniciennes, mais elle est, par nature, incapable d'inventer des mœurs individuelles, familiales ou civiques qui permettraient de continuer d'avoir envie de vivre, de continuer d'avoir envie d'inventer ; et c'est précisément sur ce point que les adorateurs du troisième millénaire se trompent.

Ce sont les valeurs traditionnelles qui ont fourni aux temps modernes le « carburant éthique » nécessaire à la construction de la modernité.

Evidemment les civilisations traditionnelles sont incapables d'inventer, enfermées chacune en elle-même, la modernité. Il y a fallu, nous l'avons vu, confluence, choc, « fusion nucléaire », « haute tension », « métamorphose » (la métamorphose des civilisations est la grande idée culturelle de Malraux).

Mais pour celles d'entre elles assez ouvertes pour servir de pierres d'attente, l'antiquité byzantine, la chrétienté médiévale, le Japon patriote, elles ont fourni aux temps modernes l'énergie vitale nécessaire à l'existence sociale des hommes.

La modernité, en ce qu'elle a de propre, ne produit pas cet ingrédient essentiel. La modernité pousse à agir ; elle ne permet pas de vivre et ne propose à l'homme aucune bonne raison de mourir.

Troisième partie

CIVILISATION, MODERNITÉ ET BARBARIE

CHAPITRE 8

La modernité
ne change pas le cœur de l'homme

Contrairement à ce qu'imaginent les apôtres du troisième millénaire, la modernité n'a pas changé et ne peut pas changer le cœur de l'homme.

L'hominisation au contraire a créé le cœur de l'homme.

Ce qu'on appelle « hominisation », c'est la sortie de l'homme hors des contraintes héréditaires. L'homme est le seul mammifère supérieur qui ne soit pas entièrement soumis aux limites de son code génétique. Cet arrachement de l'homme à la nature l'oblige à inventer sa vie sociale et hiérarchique, entièrement programmée chez ses cousins. L'homme crée des programmes artificiels qu'on appelle « cultures » ou « civilisations ». En même temps cette liberté nouvelle produit de l'angoisse ; l'homme, le seul animal qui sache maintenant qu'il va mourir.

Le véritable changement de nature fut l'hominisation, et l'on ne sait pas quand cet événement est arrivé. L'hominisation est « prise de conscience » de la mort. Cette prise de conscience est attestée par les premières tombes. Les tombes les plus anciennes qu'on ait découvertes remontent au plus à quarante mille ans. Mais comme le dit Teilhard, les commencements échappent toujours à l'archéologie. Si l'ensemble des automobiles était fossilisé, nous retrouverions beaucoup de voitures récentes, un certain nombre de voitures d'avant-guerre et probablement pas les premières voitures (s'il n'y avait eu les musées).

Dire que l'humanité existe depuis deux millions d'années me semble excessif. L'humanité existe depuis cet arrachement aux contraintes génétiques, cette prise de conscience de la mort, disons peut-être depuis deux cent mille ans. Avant existaient de grands singes qui étaient intelligents, se servaient d'outils grossiers et faisaient du feu. Mais l'intelligence n'est pas le propre de l'homme. Les mammifères supérieurs, chevaux, chiens, singes sont intelligents. Le propre de l'homme c'est sa « conscience » — ce qu'on appelle en langage courant son « cœur ».

L'intelligence ne se confondant pas avec la conscience, un mythe moderne récurrent se révèle faux.

La fable de l'ordinateur remplaçant l'homme, très répandue chez les zélateurs de l'an 2000, est absurde. La complexité d'une machine ne la rendra jamais humaine. Dans le film de Kubrick *2001, Odyssée de l'espace* (à noter que Kubrick situe, avec raison, le début du prochain millénaire en 2001), on voit un ordinateur devenu conscient se rebeller contre les ingénieurs qui projettent de le débrancher. C'est un très beau conte philosophique (et un très beau film) mais ce n'est qu'une fable. J'en ai la conviction, l'ordinateur le plus intelligent, le plus complexe, ne deviendra jamais conscient. Ce restera une machine et la « révolte des machines » n'aura pas lieu.

L'homme expérimente son « cœur » à l'intérieur de lui-même. Voilà une vérité d'évidence à laquelle aucune théorie scientifique, qu'elle décrive l'être humain comme « neuronal », « hormonal », « structurel », « marxien » ou « freudien », n'apporte d'explication complète, non plus que le faisceau d'ensemble de ces hypothèses. Il est possible aussi à l'homme de reconnaître en dehors de lui la conscience chez les autres êtres humains. Quand quelqu'un sourit, son visage, ordinairement fermé, révèle son cœur. Le visage cesse d'être frontière pour devenir transparence. Mais alors le visage, c'est l'irruption de quoi dans la réalité ? C'est quoi si n'existent rien d'autre que des Meccano complexes et démontables ? Cornelius Castoriadis répond à cette interrogation en poète. « Chacun de nous est un puits sans fond et ce "sans-fond" est de toute évidence ouvert sur le "sans-fond" du monde[1]. »

La destruction du cerveau humain efface la conscience ; c'est cette donnée d'expérience qu'on appelle la mort. Mais il ne s'ensuit pas que la conscience soit uniquement le produit de cette complexité détruite.

Le cœur de l'homme, sa conscience, n'ont pas changé depuis l'hominisation. L'homme moderne est absolument semblable à l'homme des cavernes. Imaginons que l'homme de Cro-Magnon, comme dans un film de science-fiction, puisse venir faire une visite à Paris ou à New York au XXe siècle. Certes, mise en contact avec la modernité, la civilisation de Cro-Magnon, qui fut pourtant capable de merveilles artistiques, des peintures murales de Lascaux et d'Altamira, serait

---

1. *Domaines de l'homme. Les Carrefours du labyrinthe*, II, Seuil.

effacée dans l'heure à l'instar de celle des Incas, mais l'être humain préhistorique se remettrait vite de son ébahissement. En peu de temps tout lui semblerait naturel, évident, et au bout de quelques mois il serait incapable de retourner dans ses grottes. Ainsi les femmes maliennes du Sahel, qui puisaient l'eau à l'amphore comme les mères de leurs mères depuis des temps immémoriaux, ne veulent plus retourner au pays quand elles ont pris l'habitude des supermarchés de nos villes. L'homme de Cro-Magnon ne serait pas longtemps dépaysé chez nous.

L'homme moderne a prodigieusement multiplié sa force, sa vitesse de déplacement, ses informations et ses capacités de calcul, son cœur est resté le même. Il est toujours angoissé par la mort, hanté par l'amour, malhabile à construire les hiérarchies nécessaires. En ce sens, il n'y aura pas de fin de l'Histoire, car l'on peut définir l'« Histoire » comme le récit des relations tragiques et fortes entre des êtres conscients. En ce sens il n'y a pas d'histoire animale.

Les siècles à venir resteront des temps historiques où l'on fera de la politique à peu près comme on en faisait sous César ou sous Mazarin.

L'essayiste américain Francis Fukuyama se trompe quand il annonce que les « temps scientifiques » seront des temps où l'histoire politique n'aurait plus lieu d'être[1].

La modernité ne change pas le cœur de l'homme, elle ne met pas fin à l'Histoire. Bien au contraire, et surtout à l'heure où le « capital éthique » se révèle épuisé, elle tend à augmenter l'angoisse humaine, née il y a longtemps avec l'hominisation, à l'aviver. Nietzsche l'avait compris : « Qu'avons-nous fait quand nous avons détaché la Terre de son soleil ? Où va-t-elle maintenant ? Où allons-nous nous-mêmes ? Loin de tous les soleils ? Ne tombons-nous pas sans cesse ? En avant, en arrière, de côté, de tous les côtés ? Est-il un en-haut, un en-bas ? N'allons-nous pas errant comme par un néant infini ? Ne sentons-nous pas le souffle du vide sur notre face ? Ne fait-il pas plus froid ? N'advient-il pas de la nuit, toujours plus de nuit[2] ? »

Il est permis de préférer Nietzsche à Fukuyama !

---

1. *La Fin de l'Histoire et le dernier homme*, Flammarion.
2. *Le Gai Savoir*, 1881.

1 — *Internet*

Dans un article remarqué[1], Jacques Attali a trouvé pour Internet la dénomination de « septième continent ». Internet serait le continent de l'an 2000, comme l'Amérique fut le continent de la Renaissance. Internet est un réseau planétaire qui met en connexion les grands systèmes informatiques mondiaux sous le contrôle des groupes américains (Apple, Microsoft et le légendaire Bill Gates). Quinze ans plus tôt, en France, le Minitel, il est vrai uniquement national, n'avait pas suscité le même enthousiasme.

A entendre les commentateurs parler d'Internet, il faudrait évoquer un véritable délire verbal. Ils ont inventé le terme vaguement cosmique de « cybernautes » pour désigner les utilisateurs du réseau. Ils parlent de « cyberespace ». Il est vrai que la « toile » (mot consacré pour désigner le réseau Internet, cette fois-ci assez juste) offre un accès possible à beaucoup d'informations ; chaque source de renseignements se dotant d'un

---

1. *Le Monde*, 7 août 1997.

code d'accès, le *web*. Il est intéressant de pouvoir consulter, à la vitesse de la lumière, les grandes bibliothèques ou des résultats de recherches pointues, des sites prestigieux dont l'accès jadis eût demandé des voyages, des consultations d'archives et beaucoup de temps. Mais les utilisateurs sérieux d'Internet ne cachent pas leurs frustrations : dernières versions de programmes désuètes, changements continuels d'adresses, de formats, de protocoles, attentes, espace dominé par les puissants fournisseurs de logiciels. L'accès aux banques de données vraiment sérieuses est d'ailleurs payant. Il faut se faire ouvrir un compte, obtenir un mot de passe, confier son numéro de carte de crédit. Les groupes de discussions sont encombrés de photos d'adolescents, de devins, de fous qui hurlent à la censure, d'écologistes radicaux qui sont en campagne contre la consommation de viande.

Il ne s'agit pas de faire du passéisme, un réseau de connexion mondiale est certainement très utile. Faut-il pour autant parler de « septième continent » ou de « cyberespace » ?

Je ferai à ce propos plusieurs remarques.

Internet obéissant à une logique économique purement libérale ne donne aucun label à la qualité des informations qu'on y peut trouver. On y trouve le meilleur, mais, n'importe qui pouvant créer un *web* à sa guise, aussi le pire. On peut accéder à des sites racistes ou nazis.

Il est donc nécessaire à l'utilisateur d'avoir la culture générale, l'esprit critique indispensables pour savoir trier sur la « toile » les bonnes informations d'avec les propagandes et les billevesées. Un système de communications et d'informations instantanées n'est pas de lui-même un système de pensée, pas plus qu'un ordinateur ultraperformant n'est en lui-même capable de conscience. Un mollah intégriste ou un nostalgique du nazisme qui utilisent la « toile » ne sont pas transformés pour autant en esprits libres et modernes.

Avec Internet nous savons tout, tout de suite, mais si nous n'avons pas de culture générale, nous n'y comprenons rien. Il ne suffit pas en effet de recevoir des informations. Il faut les interpréter, les mettre en situation, comprendre ce qu'elles signifient ; les déchiffrer en un mot, or, c'est paradoxalement devenu en nos temps médiatiques plus difficile qu'hier.

La vitesse d'information ne concourt par elle-même aucunement à une meilleure compréhension. Savoir tout, tout de suite, ne donne nullement la certitude d'y comprendre quelque chose.

Quand ils sont incultes les « cybernautes » les

plus habiles restent des imbéciles et tous les *webs* du monde n'y pourront rien changer. Il y a donc dans la célébration exagérée du réseau une certaine illusion.

Autre remarque : la plus grande révolution médiatique des temps humains ne fut pas Internet mais l'invention de l'écriture, je dirais même l'invention de l'alphabet.

L'écriture marque clairement le passage de la Préhistoire à l'Histoire : Préhistoire, les temps où l'homme ne disposait que de la tradition orale, et sur lesquels par conséquent on dispose seulement de témoignages archéologiques. Histoire, les temps que par l'écriture les contemporains décrivent eux-mêmes de l'intérieur. Avant l'écriture, la Préhistoire, après l'écriture, l'Histoire.

Mais l'écriture alphabétique fut un perfectionnement fabuleux de l'écriture. Les signes de l'alphabet ne nous renvoient plus à des images stylisées comme les idéogrammes ou hiéroglyphes des Pharaons, ils nous renvoient à un système très abstrait. Ce système, inventé sept siècles avant notre ère et pour des raisons commerciales par les Phéniciens, a l'extraordinaire avantage de pouvoir transcrire toutes les idées et réalités du monde, en toutes les langues avec deux ou trois dizaines de signes. Aujourd'hui la plupart des écritures sont alphabétiques (latine, arabe, juive, grecque, russe, etc.).

L'invention de l'alphabet reste jusqu'à nos jours la plus grande révolution médiatique et de loin. Contrairement aux idées reçues ce n'est pas l'invention de l'imprimerie par Gutenberg, encore moins celle d'Internet.

On peut concentrer dans un manuscrit, dans un livre, le maximum possible d'informations à décrypter en un minimum de temps. Que le support en soit le parchemin, le papier ou l'écran est un détail.

Apprendre à lire est d'ailleurs un exercice d'une incroyable difficulté, d'une abstraction totale, l'exercice le plus ardu dans l'apprentissage humain qui se puisse concevoir. Il suffit de regarder les écoliers pour comprendre ! Il suffit d'en parler aux instituteurs. A l'âge adulte cela devient très compliqué et l'illettrisme adulte est dur à faire reculer.

Lire un livre est une activité qui rend intelligent même si le livre est bête. Les temps actuels, où les images filmées, télévisées, « internétisées », tendent à remplacer les livres, ne me semblent pas un progrès, mais bien au contraire une régression historique. Un retour, après l'abandon des lettres (au double sens du terme, signes abstraits et l'ensemble de la culture auquel ces signes donnent accès), aux idéogrammes, aux images des hiéroglyphes.

Or, les images sont « chronophages » : mangeuses de temps. Consulter des écrans mange du temps et suppose de la culture. Que peuvent comprendre les téléspectateurs non informés des images de guerre civile en Afghanistan s'ils ignorent les Paschtous, les Hazaras, les Tadjiks, le Pakistan, et la politique américaine au Moyen-Orient ?

Si les enfants d'aujourd'hui passaient à lire des livres les deux heures quotidiennes qu'ils consacrent à leurs écrans (télévision, Internet, jeux informatiques), ils seraient plus intelligents. L'informatique n'introduit de véritable progrès culturel que dans la rapidité des calculs. Quand mes enfants, encore adolescents, se vautraient devant la télévision, je leur disais qu'ils étaient des « télésexuels », par allusion aux obsédés sexuels. J'adore la télévision, mais elle ne doit pas prendre trop du temps quotidien.

On n'abuse jamais de la lecture, on peut devenir idiots devant ses écrans. Sur ce point je me sépare résolument d'André Malraux qui croyait à une révolution télévisuelle à l'école. Envoyer nos enfants deux heures par jour sur le *web* c'est, sans parler du coût, abdiquer tout espoir de les rendre intelligents, c'est-à-dire capables d'esprit critique.

Malgré les écrans, ou peut-être à cause d'eux, les Français de la fin du XXᵉ siècle me semblent beaucoup moins cultivés que ceux de la fin du XIXᵉ. Quand Victor Hugo atteignit sa quatre-vingtième année, les Parisiens, gouvernement et président de la République en tête, défilèrent par centaines de milliers devant son domicile. Quel écrivain susciterait aujourd'hui la même ferveur ?

La régression de l'écrit, la stagnation de la lecture (par manque d'un temps dévoré par les écrans) malgré l'augmentation du niveau général des études me semblent une grave menace sur l'avenir intellectuel du monde. Et les hymnes journalistiques, quotidiens, insistants à la gloire d'Internet, une escroquerie. Internet est une connexion utile aux esprits cultivés, c'est-à-dire à ceux qui savent lire et qui pratiquent la lecture ; Internet ne rendra pas intelligents les autres. Les « internautes » idiots seront encore plus idiots que les idiots d'avant, car imbus d'une pseudo-prétention planétaire. D'ailleurs les internautes ne naviguent que dans leur bureau ou leur chambre. La mondialisation n'a pas été réalisée par Internet, elle l'a été en 1492 par Christophe Colomb quand il mit le pied sur l'Amérique.

J'appliquerais volontiers à l'intelligence « internautique » ces mots d'Edgar Morin : « C'est une intelligence parcellisée, compartimentée,... à la fois myope, presbyte et daltonienne[1]. »

Dernière remarque : le monde « virtuel » ne remplace nullement le monde réel. Quand il parle de « septième continent », Jacques Attali emploie une expression imagée mais fausse. Le « cyberespace » est seulement un espace « virtuel ». S'il est bien utilisé, il multiplie de façon géométrique les possibilités de connexion et de commerce. Ainsi la monnaie « fiduciaire » des lettres de change, inventée à la Renaissance par les marchands grecs ou vénitiens, avait-elle multiplié de façon exceptionnelle la monnaie d'or ou d'argent, nettement trop rare. Mais il ne faut pas confondre, comme au cinéma, virtualité et réalité. Quand l'économie réelle s'écroule, l'économie fiduciaire fait un krach.

Si le monde moderne réel, avec ses industries, s'écroulait, le septième continent de Jacques Attali disparaîtrait comme une brume au lever du

---

1. *Terre Patrie*, Seuil, 1993.

soleil. Le monde virtuel d'Internet appuie et multiplie le monde réel, il ne saurait le remplacer.

Internet et les écrans informatiques sont des moyens utiles, nécessaires, seulement des moyens. Ils ne donnent pas accès à un univers différent, à un paradis. Le « cyberespace » est une réalité à la fois évidente et apparente, en tout cas inaffective, qui ne donne la promesse d'aucune cité fraternelle, mais sépare plus qu'il ne les rassemble des individus fascinés par leurs écrans comme les moustiques par la lumière.

2 — *Modernité et durée*

Les civilisations traditionnelles étaient confinées dans l'espace. « Vérité en deçà des Pyrénées, erreur au-delà », observait Pascal, mais, quoique allergiques au changement, elles savaient durer.

La modernité adore le changement, elle a donné à l'homme un incroyable dynamisme ; elle a bouleversé le monde ; mais, paradoxalement, elle a désappris à compter avec le temps. Les individus vivent le présent ; ils ne vivent même que cela. Dans la vague des amours éphémères, dans le refus des compagnonnages longs et du mariage légal, il n'y a pas seulement salubre libération des mœurs et rejet bienvenu de l'hypocrisie. Il y a surtout l'impuissance à durer et le renfermement sur l'instant fugitif.

Quant aux pouvoirs publics, ils sont devenus incapables de projets à long terme et ne vivent que dans l'actualité immédiate sous la pression des sondages.

Au XVIIe siècle, les lois de Colbert sur la forêt ont rendu possible la construction au siècle suivant de la flotte française qui écrasa la marine anglaise et hâta l'indépendance des Etats-Unis d'Amérique.

Aujourd'hui, bâtir pour le siècle suivant serait tout à fait impossible. C'est la raison cachée qui explique que la plupart des dirigeants modernes sont, qu'ils se situent à gauche ou à droite, devenus malthusiens, en tous domaines mais évidemment surtout en démographie.

Depuis vingt ans nos sociétés industrielles ne font plus assez d'enfants pour prendre la place de leurs parents ; il s'en faut de beaucoup.

Pour remplacer les générations dans un contexte de médecine moderne, chaque femme dans sa vie doit enfanter, statistiquement, deux virgule dix enfants (ce qui veut dire que certaines n'en auront aucun, d'autres en auront deux, d'autres trois ou quatre. On ne coupe pas les enfants en tranches, il s'agit d'un indice statistique. Si toutes les femmes avaient deux enfants, cela suffirait, mais il faut ces « virgule dix » pour tenir compte des femmes n'ayant pas ou ne voulant pas avoir d'enfant). Or, dans les pays industriels modernes, l'indice de fécondité tend partout vers un virgule cinquante enfant par femme (un virgule trente en Italie, un virgule soixante-cinq en France), ce qui signifie que les générations ne se remplacent pas et que la population va diminuer et surtout vieillir. Les pays modernes sont donc menacés rapidement d'effondrement démographique. Les pays du tiers-monde font encore beaucoup d'enfants, mais leur natalité diminue. De toute façon, il est impossible de substituer *rapidement* les pays du tiers-monde aux pays développés. L'« explosion » démographique est probablement un problème déjà résolu. C'est l'« implosion » qui nous menace.

Nos sociétés modernes deviennent ainsi de grandes maisons de retraite où il y aura de moins en moins de gens actifs pour payer les retraités. Il faut le répéter. Aucune société, dans aucun système concevable, ne peut durer sans remplacer ses générations.

Qui s'en soucie ? Les enfants ont ceci de

commun avec les arbres qu'il faut, en démographie, penser pour le siècle suivant. Nos dirigeants européens en sont incapables. Ils ne se préoccupent pas du dynamisme à venir de leurs nations. Ils ne s'intéressent qu'à la valeur actuelle de la monnaie.

Il est pertinent de constater que les monnaies « fortes » ont toujours été liées à des natalités faibles. La France de 1900 avait la monnaie la plus forte du monde et ne faisait que des enfants uniques. En 1815, à Waterloo, la France était la nation la plus peuplée d'Europe ; un siècle après, en 1915, pendant la Grande Guerre, la moins peuplée des puissances.

En 1938, il y eut cependant une prise de conscience et les dirigeants successifs, éclairés par des prophètes comme Alfred Sauvy, le fondateur de l'Institut national des études démographiques, menèrent pendant trois décennies une politique de la natalité qui renversa la tendance et donna au pays une nouvelle jeunesse. Puis, avec le président Giscard d'Estaing, et depuis lors, tout fut abandonné.

La modernité n'est qu'une civilisation de l'espace, et pour l'espace, situation qu'illustre le slogan de la « mondialisation » et que masque le culte de l'an 2000. Les auteurs de science-fiction extrapolent, sauf exception, les techniques du présent. Or, la conquête de l'espace et la conquête de la durée ne font pas appel aux mêmes qualités. La conquête de l'espace demande de l'action et de la technique, celle de la durée a d'autres exigences. Les deux doivent se conjuguer.

Je développerai une image que je trouve éclairante, celle de l'« astronef séculaire[1] ».

En temps de voyage, le système solaire d'aujourd'hui a les dimensions de la Terre à l'époque de la Renaissance. On le traverse en quelques années, à la vitesse actuelle de nos fusées, comme les navigateurs des « grandes découvertes » contournaient la planète. Or, nous sommes la seule planète vivante du système solaire (tout au moins abritant une vie développée). Pour aller à la rencontre d'autres planètes vivantes, il faudra sortir de l'orbite du soleil ; tenter nécessairement d'explorer d'autres systèmes solaires. Ces voyages d'exploration vers les étoiles proches dureront des siècles, même à une vitesse voisine de celle de la lumière que nous sommes fort éloignés de pouvoir encore atteindre. Quant à la dépasser, il n'y faut pas songer, la vitesse de la lumière étant, la science nous l'affirme, indépas-

---

1. Raymond Ruyer, *Les Cent Prochains Siècles*, Fayard, 1982.

sable. (Une année-lumière, c'est l'espace que la lumière parcourt en une année à la vitesse de 300 000 km à la seconde.) Les plus proches étoiles sont à des années-lumière de la nôtre.

Comment alors résoudre ce problème de la durée ? Le ralentissement de l'écoulement du temps avec l'augmentation de la vitesse selon les théories d'Einstein, n'est pas suffisant même s'il nous permet de concevoir qu'une durée de quelques siècles écoulée sur la Terre puisse ne correspondre qu'à une durée de quelques décennies dans l'astronef. La congélation des organismes complexes comme le cerveau humain est encore une perspective très très lointaine, peut-être inaccessible.

Il faudra nécessairement prévoir des naissances dans l'astronef séculaire. Des hommes, des femmes, des enfants. Les cosmonautes galactiques devront donc être prêts à mourir en chemin, à n'explorer les nouveaux mondes et à ne revenir sur terre que par descendants interposés.

L'exploration de l'espace galactique se doublera inévitablement d'une maîtrise de la durée. Il ne s'agira plus seulement pour les cosmonautes, comme c'est le cas aujourd'hui, de risquer simplement leur vie individuelle en la confiant à la technique ; ils devront faire des enfants et les engager dans l'aventure. Et pour cela, ils auront besoin d'autres motifs que le courage ou la confiance en la science. Car de quel droit vraiment engager des enfants ?

La technique moderne suffit avec beaucoup d'audace pour conquérir l'espace proche, mais pour conquérir l'espace lointain, il faut aussi s'assurer de la durée et à cela la modernité ne suffit pas.

Imaginons l'éducation donnée aux enfants du vaisseau cosmique, les questions que ces derniers ne manqueront pas de poser quand ils comprendront dans quelle aventure on les a embarqués.

Que pourront dire les parents cosmonautes quand ils sentiront la mort approcher pour eux-mêmes ? Quelles ultimes recommandations ?

Quand on parle à ses enfants sur son lit de mort, il ne peut s'agir uniquement de technique et de savoir-faire. Il s'agit de justifier la mission, de donner envie de la continuer.

Cette parabole est éclairante ; elle l'est d'autant plus que nous avons pris conscience aujourd'hui, à cause des missions spatiales, que notre Terre elle-même est un grand « astronef séculaire » qui emporte dans sa course galactique ces cosmonautes malgré eux, mais enfin conscients de l'être, que sont les hommes.

Le problème de la modernité est exactement le même que celui des passagers de la fusée, celui de la durée.

Pour s'assurer de durer, il faut absolument, nous y avons déjà fait allusion à propos de la politique malthusienne insensée de nos dirigeants modernes, il faut absolument faire des enfants, en nombre suffisant pour remplacer leurs parents.

La vie n'a pas de préférence idéologique, ou plutôt elle n'en a qu'une : elle est impitoyable pour les doctrines suicidaires. Si Bouddha avait été obéi quand il commanda de n'avoir pas de descendance, il n'y aurait plus de bouddhistes aujourd'hui. On peut tout soutenir, sauf que la conscience humaine puisse se passer d'individus pensants. On peut se révolter contre tout, sauf contre la stérilité volontaire. Les sociétés qui choisissent de n'avoir pas de descendance tuent en même temps tout ce qu'elles portent : culture, civilisation, savoir.

No future est le corollaire inconscient du slogan des *yuppies* américains *Dink (Double income no kids*, double revenu pas d'enfants). Cette devise implique la disparition, en une seule génération, de la civilisation moderne. La société n'y résisterait pas dix ans et le double revenu des *yuppies* serait rapidement compromis par l'effondrement économique que leur slogan implique.

Mais il ne suffit pas de faire des enfants en nombre suffisant. Pour s'assurer de la durée, il faut aussi donner à ces enfants envie de continuer l'œuvre de leurs parents.

3 — *L'illusion génétique et la modernité*

La mode intellectuelle est contradictoire : d'un côté, elle est malthusienne, c'est-à-dire refuse la descendance, de l'autre elle tend à magnifier la « révolution génétique » qui implique, qu'on le veuille ou non, une descendance eugénique, et l'exaltation de l'héréditaire par rapport à l'acquis.

Nous ne reprendrons pas ici, au fond, la querelle de l'inné et de l'acquis. Cette querelle est insoluble parce que sans objet. Le caractère, les capacités de chaque individu dépendent évidemment de l'hérédité. Mais la plasticité du cerveau humain est très grande et le mystère de la liberté personnelle insondable ; avec la même hérédité, le même caractère, l'individu peut tout aussi bien devenir un saint que se transformer en assassin.

Nous voudrions signaler une contradiction.

La pensée « politiquement correcte » exalte, et je pense avec raison, l'importance de l'acquis, le rôle primordial de l'éducation, mais en même temps la mode inconsciente pousse du côté de l'inné.

Qu'est d'autre le « jeunisme », l'exaltation de la jeunesse, qu'une affirmation (paradoxale quand on connaît la mode actuelle des idées libertaires) de l'hérédité ? En 68 on caressa même un moment l'idée folle que les enfants n'avaient rien à apprendre des adultes, qu'il suffisait de les libérer (c'est-à-dire en fait de laisser parler leur hérédité, mais cette conséquence n'était pas vue). C'est la thèse du livre célèbre d'Alexandre Neil[1], paradoxe libertaire, avatar du mythe de la jeunesse.

Tous nos chroniqueurs et journalistes se mettent ainsi « à l'écoute de la jeunesse ». Or, le culte de la jeunesse est un culte de l'hérédité génétique, les jeunes étant beaucoup plus proches d'elle que les adultes.

C'est aussi un héritage caché du nazisme. (Le marxisme avait gardé la primauté théorique de l'intelligence.) En exaltant l'instinct, « les cathédrales de lumière » dont parle Brasillach, les nazis ont fanatisé les jeunes gens qui leur furent fidèles

---

1. *Libres enfants du Summerhill*, La Découverte, 1966.

jusqu'au bout comme le démontre excellemment Gilles Perrault[1] et ont fait de la jeunesse la référence suprême.

En réalité, et les anciens Grecs le savaient, les jeunes sont beaux et dynamiques. Les Anciens, s'ils admiraient les corps jeunes, se mettaient plutôt, quand il s'agissait de penser, à l'écoute d'un Socrate (condamné à mort à soixante-dix ans). Les jeunes excellent dans les arts d'instinct, la poésie ou la musique.

Ils ne sont pas de bons philosophes et en politique sont prêts à suivre n'importe quel gourou.

Ils sont capables de s'opposer à leurs parents ; cela fait partie de la construction de leur personnalité, mais pour adhérer alors aux idées d'autres adultes, et leur conformisme est très grand. Les jeunes sont ainsi le meilleur appui de la pensée « politiquement correcte ». Les bons sentiments d'une association comme « SOS Racisme », entièrement manipulée par le vieux président Mitterrand, en furent un exemple éclatant.

Les jeunes ont besoin d'apprendre des adultes les savoirs, mais à la rigueur les écrans peuvent contribuer à la transmission des savoirs.

Ce dont les jeunes ont surtout besoin, comme

---

1. *Les Parachutistes*, Seuil, 1959.

l'a illustré notre fable de l'« astronef séculaire »,
c'est de recevoir de leurs aînés des motivations.
Or, les modernes pédagogues se soucient peu de
la transmission, pourtant essentielle, des motivations.

Par un retournement incroyable, ce culte général de la jeunesse est en fait un culte de l'hérédité
et a préparé le chemin à l'exaltation de la révolution génétique.

Les capacités nouvelles qu'ont les techniques
médicales de manipuler les gènes ouvrent des
chemins nouveaux à la guérison de maladies
génétiques ou héréditaires. Ce sont des voies pro-
metteuses car les progrès de la médecine ont
rendu en même temps plus lourd le fardeau génétique de la société. Par bonheur les diabétiques et
les hémophiles ne meurent plus, mais ils transmettent alors leurs maladies à leurs descendants, d'où
si l'on refuse l'eugénisme au nom de la dignité de
l'être humain, et il faut le refuser, la nécessité
d'une médecine génétique qui diminue le nombre
de ces maladies.

Cependant la révolution génétique suscite aussi
des peurs parfaitement justifiées. Par exemple la
perspective de « clonages » humains, c'est-à-dire
la reproduction infinie de jumeaux adaptés, est
effrayante ; de même les manipulations impru-

dentes du code héréditaire. Mais je voudrais dire ici que, concernant l'homme, ces peurs sont exagérées. En effet, notre parabole de l'astronef nous l'a fait comprendre, il importe finalement peu à l'homme que ses descendants soient génétiquement parfaits, l'essentiel étant, et cela n'a rien à voir avec la génétique, de leur transmettre des motivations.

J'ai écrit plus haut que les romans de science-fiction ne faisaient en général qu'extrapoler l'avenir immédiat. Il y a au moins une exception à cette règle. Le plus grand roman de science-fiction est à mon avis *Le Meilleur des mondes* d'Aldous Huxley, écrit en 1932, soixante ans avant la révolution génétique. Livre superbe et terrifiant. L'homme d'Huxley a complètement réalisé la maîtrise du capital génétique et de la reproduction.

Délaissant la contraignante reproduction mammifère, il est revenu aux modes de reproduction des reptiles.

Notons au passage que cela rejoint aussi le rêve d'un certain féminisme ultra qui méprise les manifestations biologiques de la féminité mammifère, la maternité, l'allaitement, les règles.

Dans le livre d'Huxley, il ne subsiste plus rien de tout cela. On met les ovules dans des couveuses, ils y sont scientifiquement fécondés par des spermatozoïdes génétiquement sélectionnés, et le tout vient à terme *in vitro*, en milieu artificiel. Depuis les « semi-avortons d'epsilon moins » qui deviendront liftiers d'ascenseurs aux « alphas plus plus » qui seront les futurs cadres dirigeants de cette société enfin totalement « moderne ».

Bien sûr on peut poser la question de l'angoisse métaphysique et de la motivation au moins chez les « alphas plus plus ». D'ailleurs le ressort du roman d'Huxley, ce sont précisément les états d'âme d'un « alpha plus plus ». L'on peut aussi poser la question rituelle : est-il possible de sélectionner les sélectionneurs ?

Mais, et c'est pourquoi il faut relativiser la révolution génétique, par bonheur les prophéties d'Aldous Huxley ne se réaliseront jamais.

Et pas pour des raisons d'éthique ou de technique, pour la raison plus essentielle que même entièrement « génétisée » l'espèce humaine restera toujours une espèce « sauvage ».

Une espèce sauvage, tout simplement parce que la « motivation » ne saurait être transmissible génétiquement.

Les agencements sociaux, depuis l'hominisation, ne se transmettent plus seulement par les chemins de l'hérédité, mais par celui, beaucoup plus aléatoire, de l'éducation morale ou civique.

Les vieilles classes dirigeantes avaient compris cela. Souvent parvenues au pouvoir par la violence et par l'argent, elles oubliaient assez vite le cynisme de leurs débuts et en venaient à pratiquer une morale presque sincère qu'elles avaient à cœur de transmettre à leurs enfants.

Il nous sera toujours impossible de prévoir le comportement à venir de nos petits-enfants, même manipulés génétiquement.

Une société d'ingénieurs comme la nôtre ne peut absolument pas être assurée que ses enfants voudront être de bons ingénieurs.

Même si une certaine rationalisation est possible, en nos villes chauffées, éclairées, au milieu de nos services publics, regardant la réalité virtuelle de nos écrans plus que la réalité obscène. Mais nous ne sommes pas et ne serons jamais du bétail. La seule question est donc la suivante : notre société de cybernautes et de généticiens est-elle capable de transmettre à ses descendants le désir d'être à leur tour de bons chercheurs et techniciens modernes ?

A fortiori une société narcissique qui n'aurait même pas de descendance faute de faire des enfants.

Si nous voulons que les enfants que nous faisons continuent notre œuvre, nous n'avons d'autre méthode à notre disposition, comme dans la parabole de l'astronef séculaire, que de la leur faire aimer, accepter, de la leur faire prendre en compte comme un héritage moral qu'ils auront à cœur de faire fructifier.

Et ils ne le feront que librement, plus tard, selon leur bon plaisir à venir. Ainsi notre espèce et c'est heureux, malgré les rêves des cybernautes et des généticiens, restera-t-elle toujours une espèce « sauvage ».

Sauvage depuis l'hominisation. Nous avons noté à quel point nous étions restés les mêmes qu'aux temps de Cro-Magnon. Sauvage dans les siècles à venir. Notre espèce n'arrivera jamais à contrôler sa propre évolution. Car cette évolution est devenue pour l'essentiel culturelle (ou politique, ce qui est la même chose). Or, les transmissions des cultures, des civilisations, des Etats même modernes, resteront soumises à l'incalculable liberté de leurs enfants.

CHAPITRE 9

Soupçons et contrecoups

La modernité ne change pas le cœur de l'homme. Ses artisans les plus déterminés en eurent l'intuition le 6 août 1945. Ce jour-là la ville japonaise d'Hiroshima fut détruite à quatre-vingt-dix pour cent par l'explosion de la première bombe atomique qu'y larguèrent les Américains pour contraindre le Japon à déposer les armes. Dans l'heure, il y eut plus de cinquante mille morts. Or, des scientifiques de renom travaillaient depuis des années en Arizona à la mise au point de cette technique, illustration parfaite de notre définition de la modernité qui est science appliquée.

L'apocalypse moderne était née. Les hommes avec la bombe à hydrogène allaient reproduire en petit le mécanisme même du soleil.

Notons au passage qu'il est curieux de trouver le soleil parmi les symboles les plus utilisés des antinucléaires, comme s'ils ignoraient que le soleil est une bombe à hydrogène ; mais peut-être l'ignorent-ils en effet ?

1 — La peur du nucléaire est à la fois irrationnelle et significative

A Hiroshima, le nucléaire fut terrifiant et décisif parce que les Américains étaient alors les seuls à en détenir le secret. Quand l'Union soviétique, la France et d'autres puissances y accédèrent à leur tour, la situation changea.

Le nucléaire militaire, par sa démesure même, a certainement été, quoi qu'en disent les écologistes, depuis cinquante ans un facteur de paix. C'est ce qu'on appelle la « dissuasion ». S'il n'y a pas eu de guerre mondiale pendant ce long laps de temps, c'est certainement à la crainte que la « bombe » inspire qu'on le doit. Lors de la guerre de Corée entre les Etats-Unis et la Chine dans les années cinquante, et au moment de la crise de Cuba de 1962 entre les Etats-Unis et l'Union soviétique, l'équilibre de la terreur a joué.

Aujourd'hui, avec l'effondrement de l'URSS les choses ont-elles tellement changé ? Certes, il peut surgir ici ou là, dans la dispersion des savants et missiles russes, des bombes utilisables en des mains peu recommandables. Mais, isolée, une bombe ne peut que produire du terrorisme. Pour qu'une bombe puisse être militaire, il y faut des vecteurs, fusées et surtout sous-marins nucléaires que seules les très puissantes industries peuvent construire (Etats-Unis, Russie, France, Chine, Grande-Bretagne). Le terrorisme nucléaire est une perspective effrayante mais locale, la guerre nucléaire n'est pas plus probable qu'auparavant, la dissuasion continuant de jouer.

L'Inde et le Pakistan par exemple sont tous deux possesseurs cachés de la bombe. Sans elle, leurs affrontements eussent été plus violents.

Les fanatiques eux-mêmes peuvent être dissuadés par la terreur. Pendant la Seconde Guerre mondiale, Hitler n'utilisa pas les gaz de combat, non par bonté d'âme mais parce que les Anglo-Saxons en disposaient autant que les Allemands.

L'armement nucléaire est terrifiant. Mais ceux qui militent pour son abolition feraient bien de réfléchir un peu. Après tout, lors de la bataille de Cannes, en Italie du Sud, l'année 216 avant notre ère, Hannibal tua cinquante mille hommes aux

Romains dans la journée, sans bombe atomique, seulement avec les épées et les lances de ses soldats ; cinquante mille hommes à Cannes, cinquante mille à Hiroshima. Mais les antinucléaires ont de l'homme une vision rousseauiste qui n'intègre pas la violence. Or, comme le dit Vercors dans un livre célèbre, et avant lui Rousseau, les hommes sont des « animaux dénaturés ». Chez les mammifères le code génétique empêche la violence de dégénérer. A l'intérieur du groupe le meurtre est inconnu et les combats de mâles n'aboutissent à la mort que par accident. Les êtres humains au contraire, nous l'avons dit à propos de l'hominisation, ne sont plus contenus dans les limites de leur code génétique ; d'où le caractère explosif et destructeur que la violence prend chez eux. Nous touchons ici la part de vérité de la doctrine catholique du « péché originel » ou biblique du « mythe de Caïn » : le sentiment confus qu'à l'origine de l'homme il y a le meurtre. René Girard a rappelé cette évidence[1]. Pour contenir le meurtre, il faut la civilisation ou l'Etat. Si la bombe atomique contribue à contenir le meurtre, elle n'est peut-être pas aussi maudite qu'elle en a

---

1. *Des choses cachées depuis la fondation du monde*, Grasset, 1978.

l'air. Les antinucléaires devraient lire René Girard.

Le nucléaire civil n'échappe pas à la hargne des antinucléaires. Ils s'opposent surtout à l'énergie nucléaire, le nucléaire médical échappant en partie à leurs critiques. L'énergie nucléaire suscite les mêmes appréhensions que la bombe, plus irrationnelles encore. Certes des accidents terribles peuvent se produire comme à Tchernobyl. Il s'en est produit aussi dans les mines de charbon ou l'industrie chimique.

Il faut affirmer cependant que l'énergie nucléaire, à condition qu'elle soit entre des mains compétentes, reste la plus sûre et de loin la moins polluante des énergies. Qu'on prenne garde en y renonçant de devoir se rabattre sur les classiques centrales thermiques, grandes émettrices d'oxyde de carbone et de fumées toxiques. Quant à l'hypocrisie des municipalités italiennes ou allemandes se proclamant par pancarte, à l'entrée de leur territoire, « dénucléarisées », alors qu'elles achètent aux centrales atomiques d'EDF-France une grande partie de leur électricité, elle est risible.

Tchernobyl n'a été que le signal tragique de l'irresponsabilité et du sous-développement dans lesquels s'enfonçait l'Union soviétique. La seule chose à faire pour les Occidentaux c'est d'aider avec détermination à la sûreté des centrales nucléaires des pays de l'Est.

Cependant le nucléaire pose une grande question, il a un grand défaut que précisément les antinucléaires ne dénoncent pas : il engage les générations futures. Les antinucléaires parlent bien de la gestion des déchets nucléaires mais ils ne voient pas que le problème essentiel est celui de la gestion future du nucléaire lui-même.

Le nucléaire civil est un pari sur l'avenir parce qu'il suppose que, dans un siècle, les hommes sauront encore faire fonctionner les centrales ou à tout le moins gérer leur démontage. Rien n'est moins certain.

Les constructeurs de centrales seront peut-être morts sans descendance, ou sans transmission à de nouveaux venus de leur savoir-faire, et les alentours occupés par des populations étrangères au monde de la technique.

Sans aller jusqu'à cette hypothèse extrême, rien ne prouve, nous l'avons vu, que les descendants des techniciens et ingénieurs d'aujourd'hui auront envie d'être eux-mêmes des ingénieurs et des techniciens. Seule la civilisation assure la véritable transmission de l'héritage, dans une société inculte il pourrait n'y avoir plus d'ingénieurs.

Le progrès, nous l'avons souligné, résulte de

la conjonction du capital technique et du capital éthique, ce dernier épuisé, la société peut fort bien se « démoderniser » dans une immense lassitude.

Or, ce processus n'aurait guère de conséquences fâcheuses s'agissant des usines normales qui cesseraient simplement de fonctionner. Il en va autrement avec le nucléaire. Les centrales ont besoin d'un rythme séculaire.

L'industrie nucléaire est la première industrie à faire un tel pari sur l'avenir. Des indigènes d'Amazonie pourraient chasser à côté d'une usine d'orpaillage délaissée. Ils ne le pourraient pas sans grave danger à côté d'une centrale nucléaire délaissée. Et c'est là l'enseignement caché de Tchernobyl.

L'industrie nucléaire est ainsi la première dans l'histoire du monde industriel à faire ce pari extravagant : exiger que les arrière-descendants des constructeurs soient eux-mêmes des techniciens capables d'assurer le suivi, sous peine de nouveaux Tchernobyl. Pour cela la peur du nucléaire, mal fondée chez les écologistes, est cependant significative. C'est un soupçon sur la modernité, même appuyé sur de fausses craintes, ce soupçon se révèle justifié.

2 — *Nazisme et stalinisme*

Le milieu du siècle vit triompher des idéologies athées, véritables « religions de contrebande ». On ne peut confondre leurs visées originelles : le nazisme, dans son origine, est un racisme, le communisme veut le bonheur de l'homme, mais ces idéologies se révélèrent des fanatismes massacreurs et mortifères. Or elles se prétendaient « modernes ».

Dans le nazisme il est facile de reconnaître la face la plus obscure de la religion ; la religion, instinct puissant, ayant, comme la sexualité à laquelle elle est souvent liée, ses abîmes et ses aurores. La religion c'est tout à la fois et contradictoirement le pire et le meilleur. Le nazisme ne fut pas intellectuel. Il brûlait les livres et exaltait la force de l'instinct dans la jeunesse et la violence. Il est impossible aujourd'hui de relire sans rire d'un rire jaune ces baratins absurdes qui mirent en mouvement des millions d'hommes, déclenchèrent la Seconde Guerre mondiale et furent à l'origine de terribles massacres racistes !

Cependant le nazisme se voulait ultramoderne,

prométhéen et réalisateur. Il construisit des autoroutes et explorait toutes les techniques de pointe ; celles de la NASA, aux Etats-Unis, par l'intermédiaire de von Braun et autres scientifiques allemands, viennent de la recherche hitlérienne sur les fusées.

La barbarie nazie elle-même diffère profondément des manifestations de cruauté traditionnelles, incendies de villages, viols, etc. Pour la première fois il s'agit d'une cruauté industrielle, planifiée, organisée scientifiquement avec toutes les ressources de l'industrie et de la raison modernes, cadences des transports ferroviaires, chambres à gaz, usines de mort.

Le stalinisme, prométhéen et moderne lui aussi, pose un problème différent car il s'appuie sur une théorie rationnelle qui se veut scientifique, la lutte des classes, le primat de l'économie. Selon Sartre, c'est l'« horizon de notre culture ».

Malgré François Furet[1], il est faux de croire qu'on en a fini avec Marx. Les écrits marxistes fournissent encore du travail à des milliers d'exégètes. Mais le marxisme fut lui aussi une « religion de contrebande ». Paradoxalement religion du progrès, de la science et de la raison. Cepen-

---

1. *Le Passé d'une illusion*, Robert Laffont, 1995.

dant, Lénine, en exaltant un prolétariat mythique, a fait surgir par en dessous l'enfer du goulag. Du coup, c'est la pensée scientifique qui s'est trouvée atteinte. Des dizaines de millions de morts, on ne saura jamais combien, ont payé de leur vie cette idolâtrie d'une certaine modernité.

La croyance que l'économie est la seule clef de l'Histoire a survécu aux Soviets.

La faillite du communisme prouve à quel point la modernité n'a pas changé le cœur de l'homme, à quel point la foi en l'« homme nouveau » est un mythe. Au milieu de ce siècle industriel, scientifique et technique, nazisme, holocauste et soviétisme ont montré que sous la modernité triomphante, les grandes pulsions barbares pouvaient ressurgir.

Avec et après Hiroshima, nazisme et stalinisme ont nourri pour la première fois des soupçons sur la modernité.

Il est curieux de constater qu'à la veille de la célébration de l'an 2000 et sous le règne du libéralisme économique triomphant, cette leçon-là semble un peu oubliée.

Mais ces soupçons ont cependant suscité des courants contraires, des contrecoups idéologiques.

3 — *L'écologie et la modernité*

L'écologie est une prise de conscience tardive de la nocivité des nuisances industrielles. Au siècle dernier, elle n'existait pas et pourtant les industries étaient bien plus polluantes qu'aujourd'hui. L'usage universel du charbon recouvrait alors les villes manufacturières d'un nuage de suie. Le *fog*, le brouillard de fumée de Londres, est célèbre. Paris sentait la houille et ses monuments étaient noirs, mais l'ivresse prométhéenne du XIXe faisait accepter tout cela sans rechigner. Il a fallu au XXe siècle, après la guerre de 1914, le surgissement d'idéologies « naturistes » pour qu'on prenne conscience de ces nuisances et c'est seulement vers les années soixante que les pouvoirs publics commencèrent à lutter efficacement contre elles. Le *fog* de Londres a quasiment disparu. A Paris, nos monuments sont redevenus clairs, et pas seulement grâce à la loi Malraux. Bien sûr, nos instruments de mesure sont aussi plus efficaces ; ils détectent par exemple la pollution par l'ozone de la basse atmosphère dont on s'accommodait fort bien jusqu'alors ; ils détectent aussi les « trous » de la couche d'ozone stratosphérique dont il n'est d'ailleurs nullement certain qu'ils n'existassent pas au siècle précédent.

Je suis persuadé que le XXe siècle est plus propre que le XIXe. N'oublions pas l'importance des nuisances préindustrielles. Les grandes agglomérations du passé (Rome, Constantinople, Paris ont eu jusqu'à un million d'habitants avant l'ère du machinisme) vivaient naturellement dans leur merde et dans leurs déjections. Malgré l'augmentation continuelle de la taille des villes, les eaux usées des nôtres sont davantage traitées. Nos eaux potables sont plus propres. Rappelons encore que les cultures sur brûlis émettent toujours autant d'oxyde de carbone que nos industries ; or, ces pratiques datent au moins du néolithique. Les grands incendies de brûlis en 1997 en Indonésie et la fumée qu'ils engendrent illustrent leur nocivité. L'idée qu'à cause de nos machines le climat général de la Terre se réchauffe est acceptée comme une évidence. Nous vivons dans un cycle chaud, en période « interglaciaire ». Les époques « interglaciaires » sont beaucoup moins longues sur notre planète que les périodes « glaciaires ». A cause du mouvement astronomique de l'orbite terrestre, nous nous dirigeons vers une nouvelle période glaciaire, dans quelques millénaires.

A l'intérieur même de l'« interglaciaire », existent des modifications climatiques qui ne doivent rien à l'homme et demeurent inexpliquées. Ainsi, le climat du temps des cathédrales était-il plus chaud que celui d'aujourd'hui. Les Vikings du XIe siècle n'ont pas nommé le *Groenland* « terre verte » par dérision et antiphrase comme on l'affirme maintenant. Ils y pratiquaient l'élevage des vaches laitières sur prairie, bien impraticable de nos jours en ce pays. Au XIVe siècle, survint un « petit âge glaciaire » qui dura jusqu'à la fin du XIXe. (Sous Louis XIV les hivers parisiens étaient terribles. La Seine gelait.) Nous n'avons pas encore actuellement retrouvé la chaleur médiévale. D'autre part, il faut rappeler que l'atmosphère terrestre s'accommode depuis toujours de fortes émissions de poussières, d'oxyde de carbone, de soufre dues à l'activité volcanique, émissions largement supérieures à nos rejets industriels. Cela ne veut pas dire qu'il ne faille pas lutter contre les pollutions, il le faut au nom du « principe de précaution ». Nous l'avons souligné, l'exploration spatiale nous a fait prendre conscience que notre planète bleue est notre véhicule spatial et qu'il faut en respecter les grands équilibres. Il y a là une autodiscipline nécessaire des activités humaines.

L'une des pollutions les plus graves est à mon sens celle dont on ne parle jamais, l'envahissement par le béton. Nos ancêtres, à la ville (Venise, Florence), aussi bien qu'à la campagne (l'harmonie des maisons paysannes françaises ou yéménites), construisaient beau. Nous construisons laid, et sans respect des sites, aucun. La faillite la plus grave est peut-être celle de l'architecture. La dernière digne de ce nom fut celle du baron Haussmann à Paris. Depuis, le monde s'enlaidit et s'uniformise dans la laideur. Les ingénieurs que sont devenus les architectes ont oublié que la ville c'est la rue ; ils lancent leurs tours de verre sur des esplanades vides et ventées. De son côté, le tiers-monde est envahi par l'uniformité des poteaux de béton, non achevés, d'où émergent, du Caire à Djakarta, des tiges de ferraille.

L'écologie, y compris celle de la beauté, est donc une discipline indispensable. Mais l'idéologie de l'écologie, l'« écologisme », est antimoderne. C'est une réaction aux soupçons légitimes conçus sur la modernité, mais une réaction non pertinente.

D'abord, comment peut-il y avoir des partis politiques « écologistes », les « Verts » ? Discipline nécessaire, l'écologie est aussi une discipline partielle qui ne tient pas en main le faisceau complexe des activités sociales. La « politique » par définition est généraliste. L'écologie est parcellisante.

Un parti politique écologiste n'a pas plus de pertinence, ni moins, qu'un parti politique des chasseurs-pêcheurs à la ligne.

Il y a plus grave, le naturisme écologiste s'intéresse peu à l'être humain, il préfère les plantes et les animaux. L'« écologisme » est fondamentalement oublieux de l'homme. Même si aujourd'hui les « Verts » se veulent pour la plupart à gauche, ils ne le sont nullement car la gauche accepte les risques du progrès.

Cependant il est certain que le prométhéisme communiste s'était accompagné d'un oubli quasi total des disciplines écologiques et de pollutions industrielles dramatiques dans les pays de l'Est. Mais Luc Ferry a rappelé avec juste raison que le nazisme fut profondément « écologiste »[1].

Le nazisme se voulait moderne mais il préférait la « nature » à l'homme. Luc Ferry a eu le mérite dans son livre de traduire de larges extraits des lois nazies de 1933 « sur la protection de la nature », et de 1935 « sur la protection des animaux ». Or, on pourrait placer, sans anachronisme, beau-

---

1. *Le Nouvel Ordre écologique*, Grasset, 1992.

coup d'articles de ces lois dans la bouche de certains « Verts » d'aujourd'hui.

Les écologistes en arrivent à détester les hommes. L'une des grandes figures de l'écologie française, le professeur Théodore Monod, ne se sent bien qu'au désert. S'il est opportun de prendre conscience des dangers des techniques modernes, il est imbécile de prétendre s'en passer. On ne peut pas faire comme si l'on vivait avant. Nous l'avons constaté, la modernité est une épidémie, on doit se vacciner contre ses atteintes mauvaises, on ne peut y échapper. Après l'épidémie moderne d'ailleurs, on ne reviendrait pas au passé.

Les dessinateurs science-fictionnistes de la bande dessinée actuelle l'ont compris qui imaginent à longueur d'album de BD l'« après » d'un monde industriel arrêté dans son élan : un univers envahi de ruines techniques et de plantes folles, un monde glauque. Ils ont raison. Faisons de l'écologie appliquée, mais évacuons l'« écologisme », contrecoup inspiré par le moralisme le plus réactionnaire. Il y a cinquante ans, l'expression « pollutions » ne s'appliquait qu'aux émissions involontaires de sperme par les adolescents pubères, pollutions en général « nocturnes » et considérées comme « vicieuses » par nos grands-mères. Pour les écolos radicaux, les pollutions de la modernité sont vécues sur le même registre d'effroi moral et de bienséance offensée. L'écologie véritable n'est pas celle d'une « nature » qui méconnaît l'être humain. L'écologie véritable serait une bonne politique. L'écologie véritable devrait être l'écologie de l'homme. Or, qu'est la « politique » si ce n'est cette ambition-là ?

4 — *Les intégrismes et la modernité*

En contrecoup des agressions de la modernité surgissent à ses marges et jusqu'en son cœur des fondamentalismes puritains.

Le plus visible est l'islamisme. L'islamisme témoigne d'une certaine façon de l'échec des réformistes modernistes musulmans qu'étaient Mustafa Kemal ou Nasser. Certains de son vivant comparaient Nasser à Hitler, comparaison absurde, c'était un nationaliste progressiste imprégné d'idées modernes. Plus pertinente serait une réflexion sur le phénomène Khomeyni.

L'Iran du chah était un pays en pleine modernisation. Les écolières des villages y portaient des jupettes bleues et les services publics fonctionnaient jusqu'au fin fond des provinces. La sécurité était absolue. Quand on sortait de l'est de la Turquie et qu'on arrivait en Iran, on avait l'impression de passer des temps obscurs aux temps modernes.

Mais en Iran le passage à la modernité s'était fait si vite que cela déclencha une formidable réaction de fanatisme obscurantiste emplie de refoulement sexuel et de haine du progrès. Aujourd'hui l'Iran semble s'apaiser.

Avec une totale inconscience, les Américains ont encouragé en Afghanistan, contre les communistes soviétiques et avec le concours du Pakistan, l'intégrisme le plus noir. Le communisme s'est écroulé mais l'intégrisme triomphe aujourd'hui dans le mouvement délirant des Talibans, oppresseurs de la femme et contempteurs de toute liberté. Mais les Américains ne sont-ils pas les protecteurs par ailleurs de l'Arabie Saoudite dont le régime puritain subventionne les mouvements intégristes partout dans le monde ?

En Algérie aussi, face au modernisme amoral d'une classe dirigeante pressée de s'enrichir, et qui ne se soucie que de sa rente pétrolière, sévit un intégrisme meurtrier.

Mais il n'y a pas que l'intégrisme musulman. On connaît l'hindouiste qui détruit la mosquée d'Ayodha, le chrétien serbe qui traque le Bosniaque. Il y a beaucoup de mouvements intégristes aux Etats-Unis eux-mêmes, temple de la modernité. Par exemple le communautarisme benêt qui condamne la liberté de penser au nom du respect des minorités, anéantit toute vie critique et menace les universités.

Dans un premier temps on s'explique les succès de l'intégrisme.

Ce semble en effet une bonne réponse aux questions posées par une modernité destructrice du capital moral, une modernité génératrice d'angoisse et qui dénoue le lien social. Oui, au début, l'intégrisme guérit l'individu de son angoisse, lui redonne l'appétit et le sommeil, le goût de vivre, la distinction entre le bien et le mal. Il recrée la cohésion du groupe.

En réalité, il faut dépasser les apparences vertueuses des intégrismes (apparences qui séduisent jusqu'à certains maires de nos banlieues qui y voient une aide efficace, et elle l'est, dans la lutte contre la drogue). En réalité les intégrismes étouffent les hommes, et surtout les femmes, après les avoir un temps apaisés. En cela, ils ressemblent eux-mêmes à la drogue qu'ils prétendent combattre.

Mais il faut savoir qu'on ne peut lutter contre

l'intégrisme qu'en redonnant aux gens des raisons de vivre et de vivre ensemble, une citoyenneté. Comme le disait Emmanuel Mounier, « on ne lutte contre les démagogues qu'en leur enlevant la part de vérité qui les fait vivre[1] ».

Les intégrismes sont le contraire de ce qu'ils prétendent être, se voulant porteurs d'espoir ils sont symptômes de mort. Ce sont des signes cliniques de la mort culturelle. Les intégrismes sont des crispations tétaniques. Les cultures vivantes sont souples et adaptables, les cultures intégristes sont rigides et inadaptables. Ce sont les symptômes certains de la mort annoncée d'une religion ou d'une idéologie.

Qui est dans le vrai ? Les *golden boys* cybernautes ou les quelques Etats membres de l'ONU, dont l'Arabie Saoudite, qui appliquent aujourd'hui la loi coranique ou *charia*, laquelle énonce : « La peine de mort par lapidation sera prononcée à l'égard de la femme adultère » ?

D'un côté, l'effondrement d'une modernité réduite au bien de l'individu adulte, en fait à son seul revenu financier, à l'exclusion de quelque préoccupation sociale que ce soit, même du simple désir d'avoir un enfant, seulement consi-

---

1. *Le Personnalisme*, PUF, coll. « Que sais-je ? », 1949.

déré comme un gêneur. De l'autre, la négation absolue de la liberté personnelle dont la liberté sexuelle est l'archétype insupportable (d'où la lapidation de la femme adultère). La mort désirée par le refus de toute descendance, ou la mort infligée à toute transgression.

L'intégrisme ne guérit pas des angoisses de la modernité. Il les aggrave. Il les aggrave parce que, nous l'avons dit, il est impossible de revenir avant la modernité, et que l'on n'y échappe qu'en apparence, hypocritement.

Par exemple, les mollahs iraniens les plus fanatiques, quand ils sont malades, ou mieux, quand leurs enfants sont malades, ne recourent nullement à la prière mais bien au service de la médecine moderne. Ils n'hésitent pas à faire venir d'Occident les meilleurs spécialistes, à n'importe quel prix. C'est la même chose pour les princes saoudiens les plus rigoristes. Or, nous l'avons vu, la médecine est peut-être ce qu'il y a de plus efficace dans la modernité. Les médecins ont davantage changé le monde que les ingénieurs. Le recours aux médicaments modernes, aux techniques médicales de pointe, est dans le monde d'aujourd'hui une aspiration universelle (à laquelle échappent seulement de petits groupes sectaires, comme le refus par les « Témoins de Jéhovah » de la transfusion).

En se confiant au médecin, le barbu intégriste se conduit comme le Tartuffe de Molière, se jetant dans les bras de la femme sous prétexte d'échapper à sa vue. Même quand on est intégriste, il est impossible d'échapper à la modernité.

CHAPITRE 10

L'État sociétal et la modernité

Ce sont les Etats politiques qui ont permis, à partir de la Renaissance, l'éclosion des révolutions intellectuelles puis industrielles. C'étaient de vieux Etats issus du droit romain, des Etats civilisés bâtis contre la Barbarie.

Or, nous l'avons dit, la modernité donne des raisons d'agir mais ne porte pas en elle de civisme. Le civisme fait partie du capital moral. La modernité a occupé le nid, comme le coucou pond ses œufs dans les nids des autres espèces. La modernité seule tend à détruire l'Etat parce qu'elle ne le fonde sur aucune valeur. La mode de l'an 2000, c'est aussi l'illusion de se passer d'Etat. On pourrait appeler « Etat sociétal » l'Etat évanescent qu'elle promeut, un Etat qui se réfugie dans la police des mœurs pour échapper à sa fonction régalienne.

1 — Aucun bien commun

L'Etat « sociétal » est le contraire de l'Etat « politique ». Les valeurs politiques sont aujourd'hui considérées comme ringardes.

L'Etat politique était fondé sur la notion de « bien commun ». L'Etat sociétal n'en a que faire. Le sociologue Yves Lemoine l'avoue : « L'Etat n'a pas d'autre finalité que d'être au service de chacun[1]. » Nous gardons pourtant la conviction que le « bien commun » est beaucoup plus que le « bien de chacun » ; croire au bien commun c'est penser qu'une cité est tout à fait autre chose et davantage que la simple addition de biens particuliers.

Sans bien commun, il n'y a plus de politique, d'où la crise aujourd'hui de l'idée de politique ; il n'y a plus non plus de « raison d'Etat ». Cette notion est maintenant repoussée avec horreur par les bien-pensants modernes. L'Etat met toute sa

---

1. *Libération*, 7 août 1997.

raison à promouvoir les intérêts des individus ou des groupes d'individus.

On pourrait prendre pour exemple l'abandon de l'institution du mariage et la tentation de remplacer cette institution, au niveau de l'Etat, par un « Contrat d'union sociale » (CUS). L'institution du mariage, surtout dans la France laïque, était bien une institution fondée sur une certaine notion du bien commun. Le Contrat d'union sociale n'est que la reconnaissance par l'Etat des désirs individuels ; c'est autre chose. A propos du CUS, le philosophe Guy Coq nous affirme que l'Etat laïque doit s'intéresser à ce contrat qu'est le mariage[1]. Parce que l'émergence d'une génération nouvelle, le prolongement dans la durée d'une société qui mourrait si elle ne faisait pas d'enfants sont, nous l'avons déjà dit, censés être une finalité majeure de l'Etat quand il s'intéresse au bien commun, mais qu'il en va tout autrement pour le Contrat d'union sociale.

Les mœurs des individus sont parfaitement libres et indifférentes à l'Etat. La puissance publique n'a pas à reconnaître telle ou telle forme de lien amoureux. Si l'Etat reconnaît le mariage, c'est parce qu'il sait que ce contrat n'est pas seu-

---

1. *Laïcité et République*, Editions du Félin, 1995.

lement un acte privé. Pour un homme et une femme, faire un enfant est un acte libre mais c'est aussi un acte social, dont les conséquences importent à l'Etat : si toutes les femmes de France décidaient chacune de faire dix enfants ou bien de n'en plus faire aucun, ces libres décisions poseraient de toute évidence de graves problèmes aux pouvoirs publics.

L'amour est libre en démocratie, mais toutes les amours n'ouvrent pas les mêmes droits aux partenaires parce qu'elles n'impliquent pas les mêmes obligations ; ce qui amène Guy Coq à s'élever contre la revendication d'un Contrat d'union sociale pour les couples homosexuels. Qu'il faille mener un combat pour la liberté des sentiments, et rejeter le mépris dont les homosexuels furent victimes, c'est indéniable ; mais dit le professeur Coq, « on ne peut déduire n'importe quoi des droits de l'homme ». La culture *gay* est respectable, une société fondée sur elle serait vouée à une mort rapide. Que les homosexuels s'aiment ne regarde pas l'Etat. Faire des enfants le regarde. Pour Guy Coq, la revendication d'un « mariage homosexuel », le CUS, aboutira finalement à la revendication du droit à l'enfant par les couples homosexuels. Or, il y a plus important pour le professeur que le désir homosexuel d'avoir des enfants, il y a le droit fondamental des enfants d'être élevés dans une relation symbolique avec un homme et une femme. Mais peu importe à l'Etat sociétal, les enfants ne votant pas. Le projet de CUS vide donc un peu plus de son sens le bien commun républicain. Il révèle surtout la doctrine, à peine cachée, en tout cas avouée par Yves Lemoine (voir plus haut), du nouveau modernisme. Le désir de l'individu (ou des groupes d'individus), de l'individu adulte (plus de dix-huit ans), son désir illimité, est *la* loi cachée de l'Etat nouveau.

2 — *Aucun avenir commun*

La modernité, nous l'avons constaté, adore le changement mais est devenue incapable de concevoir la durée. C'est le désir d'avoir et d'éduquer des enfants qui fonde seul la survie des civilisations. Or, nous l'avons vu, la modernité, ne donnant pas de raisons de vivre, ne fournit aucune raison de procréer. Elle est naturellement malthusienne. Le malthusianisme moderne est beaucoup plus général que la doctrine de Malthus (1766-1834), qui prônait seulement la restriction volontaire des naissances[1]. Il s'agit d'une tentation du moindre effort : moins d'enfants, moins de travail, moins de valeurs, ou plutôt le moins de tout cela pour le plus d'argent possible, la recherche du profit immédiat faisant mauvais ménage avec la construction patiente, et forcément quelque peu désintéressée, de l'avenir.

Le « plafonnement » des allocations familiales est un grave symptôme de cette mentalité. Ce fut longtemps en France l'un des fondements de la politique d'incitation à la natalité que d'affirmer, à la suite d'Alfred Sauvy, que cette politique concernait les enfants à venir et pas seulement les parents.

La politique de Sauvy proclamait l'égale dignité, symbolique, de tous les enfants quelle que soit leur origine sociale. Ce n'était pas et ne voulait pas être une politique de redistribution des revenus ; c'était une politique pour l'enfant. Pour redistribuer les revenus, il y a la fiscalité.

Sauvy voulait, quels que soient leurs revenus, que ceux qui prenaient le risque d'appeler des enfants à l'existence ne soient pas défavorisés par rapport aux célibataires de même revenu qu'eux.

En un sens le plafonnement des allocations

---

1. *Essai sur le principe de population*, 1798.

familiales est bien une mesure phare de l'Etat sociétal car il s'intéresse aux parents et non aux enfants à venir, lesquels incarnent le bien commun. Il se voile derrière son apparente justice : aider les familles pauvres ; mais c'est une fausse apparence du même ordre que celle qu'évoque Le Pen quand il affirme que le chômage vient des immigrés. En réalité, et Sauvy l'a maintes fois répété, le chômage n'est pas produit par l'immigration mais par une certaine politique financière ; de la même façon, les familles pauvres ne seraient en rien aidées par le plafonnement des allocations. Le discours de Le Pen ne sert qu'à accuser les immigrés, le plafonnement ne sert qu'à donner mauvaise conscience aux classes moyennes.

Supprimer les allocations aux classes moyennes, c'est leur déclarer clairement : vos enfants ne nous intéressent pas. Le « symbolique » étant ici plus important que la hauteur des sommes versées. Alors que ce sont précisément les enfants des classes moyennes qui coûtent le moins à l'Etat et lui rapporteront le plus. Il y a pire : en abandonnant l'idée d'égalité on risque de rallumer la guerre sociale, de dresser les classes les unes contre les autres. La haine tribale ou ethnique a ressurgi dans nos cités ; on risque d'y ajouter de la haine sociale à nouveau. Les classes moyennes en effet se lasseront vite de payer des cotisations sans rien recevoir jamais en retour. Toute l'« assurance sociale » qui permit en France la paix civile est en jeu. Les classes moyennes finiront par mépriser à nouveau les « assistés ».

Jacques Julliard a été bien inspiré de noter que cette mesure abandonnait l'idée civique et républicaine d'un droit pour tous, pour en revenir à la charité du temps de la reine Victoria.

« Le droit pour tous, se transformant en aumône aux plus pauvres[1]. » L'Etat sociétal adhère à l'« équité » chère à Alain Minc en abandonnant la devise républicaine d'« égalité ». Or, nous ne sommes pas un pays anglo-saxon, et l'idée d'égalité est au cœur même du contrat social de la nation. L'Etat sociétal fait la charité pour se dispenser de la justice. Il y est conduit par son renoncement à la raison d'Etat qui le rend incapable de résister aux groupes puissants (les vrais riches se moquent des prestations sociales) et aux groupes violents, les nouveaux pauvres que leur mauvaise intégration à la communauté nationale tend à retransformer en classes « dangereuses », comme au siècle dernier. L'Etat nouveau se

---

1. *Le Nouvel Observateur*, 10 juillet 1997.

moque des classes moyennes. Elles font la force des Etats « politiques » mais impressionnent peu l'Etat moderne parce qu'elles ont peu de moyens de pression. Assistance pour les exclus, privilèges pour les riches, tel est l'Etat sociétal plus préoccupé par les mœurs des *golden boys* ou des *punks* que par la bonne santé des classes moyennes. Et ce qu'il s'agisse du Parti socialiste ou de la droite libérale. L'idéologie sociétale triomphe avec la complicité du PC à gauche et des gaullistes à droite, qui préfèrent se voiler la face et se taire. On peut dire que la gauche mène cette politique « sociétale » de renoncement à l'Etat républicain plus intelligemment que ne le fait la droite, mais c'est la même politique, en particulier en ce qui concerne les enfants à venir. La même politique malthusienne. Le malthusianisme est, il est vrai, dans un premier temps, agréable et sans douleur puisqu'on commence à faire des économies, à ne pas construire de crèches, à ne pas élever d'enfants. Il arrive parfois qu'on entende des experts expliquer le chômage français par la trop grande importance de nos classes jeunes. Raisonnement absurde. Si la France avait fait les deux millions d'enfants qui lui manquent depuis vingt ans, bien peu d'entre eux seraient arrivés sur le marché du travail. Par contre, l'économie serait dynamisée par les deux millions de consommateurs qui lui manquent comme le rappelle avec courage Michel Godet[1] (professeur au Conservatoire national des arts et métiers). Avec le malthusianisme d'ailleurs tout finit par s'écrouler, sans douleur au début, mais par s'écrouler. Encourager le remplacement des générations par une politique intelligente de la natalité a un coût inévitable, mais c'est la seule politique d'avenir. Cette politique devrait être modernisée, nous ne sommes plus en 1945 et les femmes veulent rester au travail. Une politique de natalité moderne consisterait à rendre compatibles les deux ou trois grossesses souhaitables avec la carrière professionnelle des femmes qui ne veulent plus être pénalisées par les maternités mais désirent toujours des enfants. Cela est possible. Après tout, le patronat avait fort bien intégré dans la vie professionnelle le service militaire des garçons. Encourager la venue d'enfants pour assurer l'avenir implique un déficit immédiat. Il est impossible, comme le proposent les ministres du Budget, de supprimer le déficit lié à la naissance d'enfants. Mais sans cet investissement-là, il n'y aura pas d'avenir ; sans cet investissement-là, l'économie réelle s'effondrera, entraînant la chute

---

1. Appel « SOS jeunesse », Paris, 1er novembre 1995.

(n'est-ce pas, Jacques Attali ?) de l'économie virtuelle.

Le mythe du partage du travail est également
un mythe malthusien.

En réalité, le travail ne se partage pas. En diminuer le temps pour tous n'en fournit pas à ceux
qui en cherchent. Alfred Sauvy a démontré depuis
longtemps que le travail n'est pas une denrée que
l'on puisse distribuer mais qu'il est la résultante
d'une dynamique complexe. Dans une économie
qui débauche, la diminution du temps de labeur
accentue le chômage au lieu de le ralentir, car elle
augmente le prix du travail pour les entrepreneurs.

En revanche, il est possible et souhaitable, sur
les postes de travail actuels, de multiplier les
« temps partiels » que les patrons créeraient sans
supprimer la masse des temps pleins, si la politique des charges les y poussait. Il est souhaitable
de multiplier les postes de présence et de service
du public. Par exemple, il y a cinquante ans, le
métro était « habité » : chefs de station et poinçonneurs y remplissaient un véritable rôle social.
Aujourd'hui, c'est un désert et les vigiles avec
leurs chiens ne remplacent pas cette ancienne présence sociale. A défaut de poinçonneurs, vraiment
trop ringards (quoiqu'on les ait gardés au Japon),

on pourrait recréer des postes de chefs de station. C'est en partie le chemin suivi par le gouvernement Jospin pour les emplois-jeunes. Mais tout cela est gâté par l'illusion qu'on va faire baisser le nombre des chômeurs en diminuant le temps de travail. Il ne faut pas oublier que pour l'essentiel, ce sont les entreprises qui créent l'emploi. Et elles ne le créent que par intérêt. Les grosses et anciennes sociétés ne créent pas d'emplois, elles en suppriment. Elles veulent « dégraisser » leurs effectifs. C'est une mode. C'est aussi une nécessité. Dans un système libéral de monnaie forte, les effectifs de salariés sont devenus la seule « variable d'ajustement ».

Par contre les nouvelles entreprises, et les entreprises petites et moyennes, les PME, créent de l'emploi. En conséquence, plutôt que de rendre l'emploi plus coûteux avec les trente-cinq heures, l'Etat devrait faciliter au maximum la natalité des PME · fiscalité appropriée, taux d'emprunt faibles, formalités administratives simplifiées. Il est nécessaire de rendre à nouveau l'investissement dans la production infiniment plus rentable que l'investissement purement boursier. Le monétarisme, fût-il européen, qui fait de la solidité de la monnaie le critère économique ultime, est une doctrine pernicieuse. Sous la dictature Salazar, la monnaie portugaise était l'une des plus fortes du monde ; sous cette apparence glorieuse, l'appareil industriel portugais avait sombré et le chômage faisait des ravages.

Pour que les hommes aient un avenir commun, il faut qu'ils aient des projets communs. La nation fut longtemps ce projet commun. L'est-elle encore ? Le slogan de François Mitterrand « la France est ma patrie, l'Europe mon avenir » dit tout à fait ce qu'il ne veut pas dire : que la France n'a plus d'avenir, la France, son contrat social original, sa conception colbertiste de l'Etat, son égalitarisme. Sans étudier à nouveau ce vaste problème qui fit l'objet de notre dernier livre [1], on peut trouver des projets d'avenir pour la France, des chantiers d'espoir collectif.

Notre pays possède, avec l'Italie, les plus beaux villages, les plus belles campagnes, les plus beaux centres-ville du monde. Cependant les tristes banlieues des années soixante, témoins de la faillite de l'architecture, sont irrécupérables. Il faudrait détruire, dans les dix ans, toutes ces tours et esplanades pour reconstruire de vraies villes avec des rues. Tâche immense mais productrice d'emplois qui donneraient du travail à des milliers de jeunes

---

1. *La France va-t-elle disparaître ?*, Grasset, 1997.

gens parmi les moins qualifiés. De plus ce projet ne serait pas inflationniste et n'augmenterait pas les importations, car les PME du bâtiment sont indigènes. Projet de civilisation...

Le pays ne serait nullement dispensé des investissements de haute technologie, ni même d'Internet. Mais le chômage reculerait massivement.

Par malheur, l'Etat sociétal, et c'est là une vérité cachée mais profonde, s'accommode très bien du chômage car il ne veut plus toucher aux autres variables économiques. Cela va aussi avec l'« air du temps ».

3 — *Moins d'État*

En vérité, l'Etat sociétal n'est qu'un rêve de renoncement ; un Etat avec les apparences de l'Etat, le goût de l'Etat mais qui n'est plus qu'une sorte de gros conseil général, une collectivité locale de l'Europe (pour laquelle n'est d'ailleurs prévue aucune autorité — l'Europe n'étant qu'un espace libéral).

Cette conception démissionnaire de l'Etat règne dans toute l'Union européenne et imprègne de son idéologie libérale la Commission de Bruxelles.

Le sociologue Roland Hureaux distingue les classes A, B et C dans toute société. A, les riches ; B, les classes moyennes ; C, les pauvres (il faut noter qu'aujourd'hui on préfère parler d'exclus ; parler de pauvreté donnant mauvaise conscience).

Or, Roland Hureaux l'affirme[1] :

« Tout pouvoir qui soutient l'"Europe sociale" ne pourra jouer que A et C contre B. » Les riches et les exclus contre les classes moyennes, voilà, nous l'avons déjà noté, la vérité cachée du libéralisme économique.

L'Etat sociétal rêve d'une économie de marché pure et parfaite, sans intermédiaires. Syndicats et partis politiques y sont considérés comme ringards.

Dans ce paradis du libre-échange dont l'Union européenne ou Internet ne sont que des espaces, on pourrait enfin construire l'homme dont rêve Alain Minc[2], sans passé et sans frontières, débarrassé de ce qui le limite, réduit à n'être qu'un consommateur frénétique, les seules contraintes acceptées étant celles de la valeur de la monnaie et des mouvements de capitaux en Bourse.

Cette idéologie libérale ou mondialiste se moque des faits.

---

1. *Libération*, 7 août 1997.
2. *La Mondialisation heureuse*, Plon, 1997.

Les faits prouvent que le plein emploi a toujours résulté d'une politique d'Etat, que ce soit dans la Sérénissime République de Venise, à la Renaissance, ou bien aujourd'hui aux Etats-Unis d'Amérique. L'économiste Jean-Paul Fitoussi remarque justement que la société américaine ne tolère pas le chômage[1].

L'Etat américain reste un véritable Etat, lui ; il n'a de « sociétal » que l'apparence. Cet Etat utilise massivement sur son territoire tous les instruments de la politique économique qu'il dénonce chez les autres ; budget, monnaie, change, déficits et subventions. C'est ainsi que se confirme ce fait patent : le libéralisme est seulement une doctrine d'exportation, bonne pour les sujets et non pour l'activité impériale. Le plein emploi n'a jamais existé dans l'Histoire et n'existera jamais sans le moyen d'une politique économique forte et expansionniste.

De l'Europe de Maastricht ne subsiste plus alors qu'une espèce de suicide de l'Etat. En face de la Banque centrale, il sera tout à fait impossible de bâtir un pouvoir d'Etat. Tout pouvoir d'Etat suppose un soutien affectif des populations (ce qui est bien le cas en Amérique), or l'Europe n'est

---

1. *Le Monde*, 29 août 1997.

qu'une construction oligarchique et technocratique. L'Europe de l'euro sera une vaste zone de libre-échange soumise aux Etats-Unis. Les gouvernements européens, vrais Etats en relation avec l'opinion, ne seront plus que des collectivités locales jouissant de la seule liberté de la gestion comptable. Ce sera l'euro du chômage, avec, sur cette jambe de bois, le seul critère de « traitements sociaux » coûteux et inefficaces. De là l'angoisse et les peurs des Français qui sont le peuple d'Europe le plus habitué à compter avec un Etat qui en soit un. La France n'est pas une nation « ethnique » ou « sociétale » mais une construction de la volonté politique sans laquelle la France se défait. Sans Etat en France, surgit inévitablement l'« Horreur économique », titre pertinent du bestseller de Viviane Forrester[1]. On a dit de cet essai qu'il était léger ; il n'est pas niable que le diagnostic de son titre soit d'une totale vérité. D'où son succès chez les Français, accoutumés depuis Colbert à une économie administrée et pour lesquels l'« horreur », ils ont pu le vérifier maintes fois dans leur longue histoire, résulte toujours du renoncement et de la démission de l'Etat. En réalité, « en cette fin de siècle » (pour parler comme

---

1. *L'Horreur économique*, Fayard, 1996.

les chroniqueurs), le libéralisme tend à devenir un cynisme de masse. Le cynisme du Grec Diogène était au contraire une philosophie ascétique, Diogène vivant dans un tonneau (410-323). Par ailleurs, l'exaltation de la mondialisation, du profit, du changement, s'accompagne pour la première fois d'un oubli du passé, et en particulier, du passé de la nation.

J'ai inventé l'expression « immémorants » pour parler de ces gens qui n'ont plus aucune référence historique. C'était il y a longtemps déjà en 1980 [1]. On pouvait discerner dès ce moment la disparition de l'enseignement à l'école de l'histoire de la nation, et de la succession chronologique.

Or, il est impossible d'inventer l'avenir sans référence au passé. Quel psychologue prétendrait s'intéresser à un individu en faisant abstraction de son passé ? Ce qui vaut pour l'individu vaut encore plus pour la cité. Ceux qui ignorent tout du passé, les « immémorants », s'exposent à en répéter les erreurs les plus tragiques. L'Etat sociétal cache le renoncement à gouverner de l'ensemble de nos classes dirigeantes (exceptions individuelles mises à part). Il exalte le triomphe du communautarisme, des lobbies et des individus

---

1. *Le Monde*, 21 février 1980.

sur le bien commun. Il n'a lui-même, selon l'aveu du sociologue Yves Lemoine, d'autre finalité que de satisfaire les désirs particuliers.

La seule raison d'Etat de l'Etat moderne tend à devenir la recherche exclusive de l'utilité immédiate, et du plus grand profit, le plus rapide. La modernité sociétale se ronge elle-même ainsi les entrailles.

La critique de l'Etat est commune à la gauche comme à la droite. Pour les célébrants de l'an 2000, l'Etat régalien est frappé de suspicion, mis en examen, archaïque. « Vive Internet » qu'aucun pouvoir public ne réussit plus à réglementer ! « Vivent les capitalistes » en même temps que « vive l'anarchie » ! Célébrons cette fusion de l'idéologie libertaire avec celle du capitalisme triomphant comme l'un des paradoxes de l'an 2000.

CHAPITRE 11

La menace d'une nouvelle
« mérovingisation »

Paul Valéry avait compris il y a plus de cinquante ans que les civilisations sont mortelles. Mais cette prise de conscience n'était nullement nouvelle chez les historiens. Dans notre sphère géographique existe en effet un précédent terrible, trop souvent cité lui aussi sans qu'on en discerne clairement les causes. C'est-à-dire en Europe occidentale, au ve siècle de notre ère, la chute de l'empire romain. En l'an 410, la prise et le sac de Rome par les Wisigoths d'Alaric marquèrent profondément les contemporains de l'événement, Rome étant inviolée depuis huit siècles.

Tout le monde ou presque explique cette catastrophe par les « invasions barbares », Germains déjà marqués par la civilisation romaine, comme les Burgondes, les Vandales, les Ostrogoths, les Wisigoths, ou bien peuples des steppes eurasiatiques, Slaves, Huns, Bulgares ou Avars. Mais l'explication militaire semble courte.

Ces tribus semi-nomades, redoutables seulement par leur agressivité, ne comptaient guère plus de deux à trois millions d'individus, en y comprenant femmes et enfants. Depuis des siècles les Barbares étaient déjà présents, au-delà des fortifications du *limes* ; or, les légions les avaient toujours contenus.

Rome n'est donc pas morte pour des raisons militaires.

Rome est morte d'une décomposition de l'Etat et de l'esprit civique, fort comparable à ce que nous avons reconnu dans l'« Etat sociétal ». Or, Rome, c'était l'Etat, c'était le civisme. En l'an 456 avant Jésus-Christ, le consul Minucius, vaincu par les Eques, était assiégé dans son camp. Il fallait pour le délivrer une nouvelle armée. Cincinnatus fut nommé « dictateur » (magistrature alors temporaire). Au point du jour, il se rendit sur le forum, ordonna la fermeture des magasins, et défendit aux citoyens de s'occuper de leurs affaires privées. Chaque homme valide s'arma. Quelques heures plus tard, de nouvelles légions écrasèrent les Eques.

L'esprit civique, le sens de l'Etat, le respect de la loi, animèrent les représentants de Rome, des siècles après la mort de la République. Les patriciens corrompus de l'empire savaient encore s'arracher à leurs orgies et mourir pour la chose publique *(res publica)*. Mais en ce ve siècle de notre ère, aucun Cincinnatus n'aurait pu « défendre aux citoyens de s'occuper de leurs affaires privées ». Car chacun, comme aujourd'hui, ne songeait précisément qu'à préserver ses intérêts particuliers. La « société du spectacle » virtuelle avait déjà à l'époque remplacé le civisme. Elle s'exprimait dans ce slogan *Panem et circences*, du pain et des jeux, jeux continuels, cruels, qui rassemblaient dans l'amphithéâtre les anciens citoyens devenus spectateurs. L'esprit de la loi, celui qui si longtemps avait rendu victorieuses les légions, pourtant composées depuis belle lurette de mercenaires non latins, était bien mort.

Les Barbares, hommes quasi préhistoriques, gens de tribus, étaient d'*avant* la cité, d'avant l'Etat dont ils ignoraient tout. Vainqueurs, les rois barbares continuèrent à partager leurs Etats, à leur mort, entre leurs différents enfants, alors que la notion romaine de l'Etat est précisément d'être « indivisible ».

Quand on entend François Léotard (Colloque

UDF-RPR de septembre 1997) parler de la France « divisible » qu'il oppose à la République « indivisible », on peut craindre qu'il ait régressé à l'époque de Cunégonde ! Que veut-il diviser de la France, la Corse, la Bretagne ? Alain Krivine est tourné sur sa gauche !

Les représentants de l'empire, au ve siècle, étaient, eux, des hommes d'*après* la cité ; on dirait aujourd'hui « postmodernes ».

Cependant, le ressort civique de Rome étant brisé, il en résulta une effroyable catastrophe. Aux vi^e et viie siècles de notre ère, l'époque des Mérovingiens fut sans conteste la pire qu'ait connue l'Europe occidentale. Elle fut un temps de désintégration presque complète de la civilisation.

Ruine des villes, routes à l'abandon, règne de la violence la plus vulgaire, luttes sanglantes entre chefs de bande. Les « rois fainéants » dans leurs chariots n'incarnaient plus qu'une caricature grotesque du pouvoir.

Quand on compare les bourbeuses bourgades mérovingiennes aux belles villes romaines dotées de forums, d'aqueducs, de thermes et de théâtres et quand on réalise que les ruines romaines sont de très peu antérieures au néant mérovingien, on est saisi de stupeur.

Ce sont, à l'évidence, les Mérovingiens des

siècles obscurs qui suivirent le sac de Rome en 410 et non pas le Moyen Age des basiliques et des cathédrales, époque postérieure à l'an 1000, que nos chroniqueurs devraient prendre comme repoussoirs, s'ils avaient quelque culture.

La démographie de ces siècles obscurs marque elle aussi une terrible régression. Les quatre ou cinq millions de gens qui survivaient dans la terreur quotidienne sous les rois fainéants, occupaient en effet le même territoire que les vingt ou trente millions d'habitants de l'empire romain de l'Ouest.

On s'aperçoit ici que la violence anarchique tue infiniment plus que la violence de la guerre entre Etats. Globalement dans l'Histoire, l'Etat est un espace de paix. Les armées régulières se veulent fortes, puisqu'on ne peut arracher la violence du monde, mais disciplinées. Par contre la lutte sauvage entre le chef de tel village et celui de tel autre, entre le caïd de telle rue et celui de telle autre, les guets-apens, le brigandage, le vol des récoltes entraînant la famine et empêchant les paysans de produire, le meurtre de voisinage, le viol sont effroyablement meurtriers, peut-être dix fois plus que les guerres politiques. A Sienne dans la salle du Palais communal, une superbe fresque intitulée *Du bon gouvernement* illustre cette vérité cachée ; d'un côté l'Etat gouverne et le citoyen est « heureux et prospère » ; de l'autre, il n'y a plus d'Etat et l'on voit les incendies, les massacres et les viols ; c'est la famine et la mort. De nos jours encore autour des Grands Lacs africains, en Algérie, au Liban, en Afghanistan, on peut vérifier cette loi : l'anomie[1] est plus meurtrière que la guerre.

La régression mérovingienne dura plusieurs siècles, à peine interrompue par la fragile (et en partie légendaire) renaissance carolingienne. La régression ne cessera de fait que vers l'an 1000, où le monde se couvre « d'une blanche parure d'églises » selon les dires d'un chroniqueur d'époque.

Il a donc fallu très longtemps, cinq siècles, pour rebâtir les cités, ouvrir à nouveau les routes, réinventer la civilisation. Encore l'époque mérovingienne avait-elle respecté l'Eglise catholique, des évêques, des monastères qui remplirent une fonction de conservatoires des siècles passés. Les clercs surent, en les éduquant dans leurs écoles, transformer les fils de brigands violeurs et rapineurs en « chevaliers » au service « de la veuve et

---

1. Anomie : Disparition de l'organisation et de la loi, des valeurs communes à un groupe. » (*Nouveau Petit Robert*, 1994.)

de l'orphelin ». Si l'idéal de la chevalerie ne fut évidemment jamais atteint, il marque un immense progrès par rapport à la violence mafieuse des siècles obscurs.

Encore subsistait-il en Orient, autour de Constantinople, un morceau d'empire romain grec ou chrétien (que nous nommons « byzantin ») qui gardait quelque chose de la grandeur de Rome et de ses armes (Basile II en l'an 1000 régnait de Venise à l'Arménie), qui conservait ses lois ; la codification du « droit romain » fut faite au VIe siècle, sous Justinien, à Constantinople.

Nous sommes aujourd'hui menacés d'un effondrement comparable. Notre capital moral est épuisé. L'Histoire est tragique et seul l'Etat construit la paix que le « marché » ne saurait produire.

L'optimisme béat des célébrants du troisième millénaire, leur « rousseauisme », leur croyance naïve en la transformation moderne de l'homme, leur oubli du bien public qui ne subsiste qu'à l'état de trace avec l'« Etat sociétal », nous font craindre une nouvelle « mérovingisation », planétaire, celle-là, et sans recours. Car il n'y a plus nulle part de zone protégée, d'empire byzantin ou de Constantinople. Car il n'y a plus de recours moral, les religions elles-mêmes étant aujourd'hui fatiguées ou intégristes. Nous l'avons dit, déjà au Congo les chefs de bande mérovingiens ont reparu. Déjà en Afghanistan, avec le soutien absurde des Américains, les Talibans font régner leur obscurantisme superstitieux.

Déjà, au cœur de l'Europe, à la ligne précisément de fracture ouverte au IVe siècle de notre ère entre l'empire d'Orient et l'Occident, les massacres ethniques de Bosnie ont tué des milliers de gens. L'Algérie sombre dans la barbarie. Dans ma jeunesse, nous pouvions aller en auto-stop de Paris en Inde. Aujourd'hui, mille conflits sanglants nous en empêcheraient. Le monde est revenu à l'époque barbare en certains endroits, à l'époque d'Internet, il est redevenu obscur et dangereux.

Faute de civisme, faute d'Etat, la modernité peut fort bien disparaître. Elle a de multiples raisons d'agir mais aucune raison de vivre.

Le monde du cyberespace est menacé à la fois chez ses prolétaires, au cœur de ses ghettos, et chez ses élites démotivées et renonçantes.

La Terre est menacée de « démodernisation ».

A la veille de l'an 2000, il faut rappeler avec force que la modernité peut s'effondrer. Cette menace n'est nullement perçue, ni même soupçonnée, par les célébrants du troisième millénaire. Les écologistes ne s'attachent qu'aux menaces directes des techniques modernes ; ils ne pratiquent aucune écologie de l'homme.

La planète risque d'être à nouveau submergée par la violence, non pas la violence scientifique de la grande guerre, atomique ou non atomique, plutôt par la violence anomique et tribale des petites guerres d'ethnies et de quartiers, infiniment plus meurtrière, nous l'avons dit.

La « noosphère » risque d'être subjuguée par les intégrismes, les fanatismes. La superstition la plus régressive s'installe, chez les modernes à la mode. Il est frappant dans les dîners mondains d'entendre les ingénieurs et les technocrates parler entre eux de leur signe astrologique en échangeant les croyances les plus débiles ; la « démodernisation » est en marche.

La comparaison avec notre époque des temps obscurs et mérovingiens est d'autant plus éclairante que cette régression historique de jadis fut rendue possible par le malthusianisme. Les Romains ne faisaient plus d'enfants. Ils ne connaissaient pas la pilule mais le « coït interrompu » leur suffisait. Cette régression fut rendue possible par l'incivisme généralisé. Or, les mêmes maux nous menacent.

Cette hypothèse peut ne pas se réaliser, mais sans un ressourcement civique sa probabilité est grande. L'implosion du monde moderne est envisageable. La barbarie qui s'ensuivrait serait, nous l'avons vu, très spécifique. Non plus la barbarie industrielle des nazis ou des Soviétiques ; pas la barbarie préhistorique (la Préhistoire fut très cruelle). De même, l'époque des Mérovingiens ne fut pas un retour à la civilisation gauloise, mais, après les siècles romains qui avaient précisément détruit cette culture archaïque de la Gaule, une barbarie infiniment plus anomique et beaucoup moins civilisée.

Après le règne de la modernité, si le monde se « démodernisait », nous ne reviendrions pas au passé. Surgirait dans cette hypothèse une barbarie glauque décomposée et fanatique. Formidable régression planétaire.

Si cette hypothèse se réalisait, on parlerait de nous dans les siècles obscurs à venir, comme à l'époque des rois fainéants on évoquait les splendeurs de l'empire romain disparu. Dans leurs villes rétrécies, à demi abandonnées, dans les campagnes encombrées de ronces et de bandits, les gens parleraient des modernes du XXe siècle comme les reîtres de Clovis évoquaient les légions de César.

Quatrième partie

LE CHOIX

CHAPITRE 12

Les ruines ne sont pas naturelles

Si le retour en arrière n'est pas possible sans conséquences tragiques, il importe que la modernité continue. Même l'écologiste le plus passéiste doit intégrer le fait moderne. Il faut continuer. Assurer l'avenir de la modernité, ce n'est pas seulement en maîtriser les nuisances, c'est surtout reconstruire une civilisation « compatible » avec elle (« compatible » comme les groupes sanguins sont compatibles ou incompatibles entre eux). Nous avons dit qu'il exista, qu'il existe encore des civilisations « incompatibles » avec la modernité. Une culture compatible avec les temps modernes éviterait seule au prochain siècle d'être celui du chaos.

L'existence de ruines témoigne qu'ici ou là des

civilisations se défirent. L'auteur eut le privilège de visiter la plupart des vestiges des grandes cités romaines, à Rome évidemment, à Pompéi ; en Afrique du Nord, à Djamila ou Timgad ; en Libye, à Leptis Magna ou Cyrène ; en Syrie à Palmyre ou Pétra ; en Anatolie, à Ephèse ; un monde puissant, ordonné, lumineux a bâti ces édifices et les a entretenus des siècles durant. Puis ce monde s'est effondré et les villes se sont écroulées.

Car on oublie trop souvent que les ruines ne sont pas inéluctables. Certes, il y a tout ce à quoi l'on pense, les guerres et surtout l'usure du temps. Mais il faut le rappeler : aussi longtemps qu'une civilisation subsiste, ses monuments sont entretenus, reconstruits à l'identique si nécessaire ; même s'il peut leur arriver de changer de destination ou d'usage, la salle de tribunal devenant édifice religieux, l'église passant d'un culte à l'autre. Un exemple de ce que j'avance : les monuments de l'extraordinaire civilisation de l'Egypte des Pharaons ont survécu en bon état, entretenus successivement par les Pharaons, les Grecs puis les Byzantins jusqu'à la conquête musulmane. Au VIIe siècle de notre ère, les temples, les obélisques, les colosses étaient encore debout, restaurés avec soin.

Comme l'islam n'en avait pas l'usage, les

monuments, sous sa domination, se sont écroulés. Les Mamelouks finiront par faire tirer au canon sur le Sphinx de Gizeh. Comme aujourd'hui les Talibans veulent tirer au missile sur les grands Bouddhas sculptés dans la montagne de Bamyan, en Afghanistan.

Et il fallut l'arrivée des archéologues emmenés par Bonaparte lors de son expédition d'Egypte pour dégager cette formidable architecture des sables où elle s'était ensevelie, oubliée.

Il en fut de même dans l'Europe de l'Ouest au moment des invasions barbares. En France, les villes gallo-romaines ont été vivantes tant que l'empire vécut. Quand l'empire mourut, elles devinrent des carrières de pierres (y compris à Rome, et ce, malgré la présence en cette ville de la papauté). Les monuments, les villes sont fragiles. Ces demeures sont précaires. Venise, Florence, Athènes furent des splendeurs. On se dit en les contemplant que l'homme a su souvent créer de la beauté, de l'harmonie, du savoir-vivre. Mais combien menacées sont ces villes quand la civilisation qui les portait a cessé de les entretenir. Venise, par exemple, « plus qu'une ville, presque une civilisation[1] », sut se maintenir dans les flots

---

1. André Malraux, *Antimémoires*, Gallimard, 1967.

de sa lagune tant qu'un Etat puissant y eut intérêt. Aujourd'hui existent toutes les solutions techniques qui pourraient sauver des eaux cette incomparable cité, mais comme la vie économique s'en est retirée, Venise a perdu sa justification profonde. Le nécessaire n'est donc pas fait.

Les réalisations techniques modernes, ces « merveilles de la science », sont plus fragiles encore. Plus elles sont sophistiquées, plus leur entretien est compliqué, plus il doit être constant. Les déboires de la station spatiale russe Mir, après l'effondrement du régime soviétique, en sont l'illustration. L'accident tragique de la centrale nucléaire de Tchernobyl est plus révélateur encore.

Les monuments de la modernité ne sont pas seulement des édifices de pierres inertes sur lesquelles de nouveaux bergers d'Arcadie pourraient faire paître leurs troupeaux, ce sont des machines et souvent des bombes à retardement. Pour empêcher leur explosion, les soins, le suivi, doivent être constants et vigilants. Ainsi sommes-nous condamnés à entretenir la modernité. Si nous ne savions plus la faire fonctionner, elle se transformerait à l'instant en piège gigantesque et mortel.

Nous ne pouvons repousser la modernité de

manière utopique ou intégriste (même si l'hypocrisie de ces refus est en général grande. Nous avons noté que les barbus les plus réactionnaires n'hésitent pas à recourir à la plus sophistiquée des techniques modernes, la médecine, tout au moins quand il s'agit de soigner des mâles). Le refus intégriste de la modernité, le « talibanisme » (néologisme tiré des Talibans, « étudiants en religion » intégristes afghans), ne conduit pas seulement à la négation des droits élémentaires de l'homme, et surtout d'ailleurs des droits essentiels de la femme, il conduirait à une catastrophe écologique majeure. Et si les vieilles civilisations « compatibles » qui ont fourni à l'action moderne son capital moral sont épuisées, il faut en réinventer de nouvelles, compatibles également avec la modernité et qui la puissent nourrir de l'intérieur. Pour créer de la civilisation, trois leviers sont efficaces, l'Etat, la nation ou la religion ; au moins deux des trois sont nécessaires :

L'Etat d'abord, nous l'avons souligné, contrairement à ce que pensent les ultralibéraux et les cybernautes. Nous avons montré à quel point l'« Etat sociétal » n'est qu'une caricature impuissante et vaine. Cependant l'Etat repose toujours sur le consentement des citoyens. Les dictatures elles-mêmes s'effondrent sur l'heure, après des décennies d'apparente immutabilité, quand le consentement des citoyens vient à disparaître. La chute du mur de Berlin nous l'a rappelé. L'Etat ne saurait être uniquement technocratique, une bonne adhésion des gens suppose de l'affectivité, ce fut le rôle irremplaçable que l'idée de « cité » joua dans l'Antiquité, assurer une âme à l'Etat.

Les nations remplissent aujourd'hui ce rôle. Elles ont réussi le miracle de faire éprouver aux citoyens sur un espace mille fois plus grand l'émotion que l'ancien Grec éprouvait sur le territoire d'une cité dont il pouvait apercevoir de partout l'Acropole. Il ne me semble pas possible de dépasser le stade des nations. Le dépassement de la nation me paraît être un mythe dangereux de l'an 2000.

Sans nation, il manque à l'Etat le civisme, la mémoire d'un passé glorieux, la fraternité. Les banquiers d'Internet et les commissions internationales ou européennes ne sauraient s'appuyer sur cette affectivité-là.

Craignons, en détruisant le patriotisme, d'ouvrir le chemin à la barbarie.

Des nations ouvertes, regroupées par grandes zones géographiques, certes, mais fières de leur passé, assurées de leur avenir, peuvent seules fonder le civisme nouveau qui donnerait au monde moderne une âme nouvelle.

On pourrait s'en tenir là, surtout dans l'ambiance de la laïcité française. Mais tout en se revendiquant de la laïcité l'auteur ne saurait méconnaître les forces spirituelles.

Les grandes religions ont probablement leur rôle à jouer.

Le christianisme, même s'il n'est pas moderne de fondation, a permis l'éclosion des droits de l'homme et de la volonté de changement. Il pourrait redevenir créateur, « compatible », s'il rompait avec les divisions sectaires (protestants, catholiques, orthodoxes) et le cléricalisme rétrograde (surtout au Vatican) qui le sclérosent.

L'islam, de son côté, pourrait, en restant fidèle au Coran, son texte fondateur, réécrire la *charia*, sa loi ecclésiastique réactionnaire et oppressante pour les femmes. C'est parfaitement possible. La *charia* n'est que du « droit canon ». On peut changer de droit. S'il le faisait, l'islam cesserait enfin d'avoir des problèmes avec le monde moderne.

Le judaïsme, lui, devrait se souvenir que sa fonction n'est pas limitée à celle d'assurer l'existence politique de l'Etat d'Israël.

Le bouddhisme, enfin, aurait un grand avenir

s'il cessait d'être seulement une religion de moines, s'il s'intéressait davantage à l'action.

Mais ce n'est pas à nous laïcs (même si l'auteur est croyant) de donner des conseils de religion.

En tout cas, une chose est absolument certaine.

On ne pourra assurer l'avenir des temps modernes qu'en recréant de la civilisation.

CHAPITRE 13

Il n'y a pas de déterminisme de la décadence ou de l'effondrement

C'est toujours l'imprévu qui arrive. Contrairement aux dires du Prophète, rien n'est écrit, ni le bon ni le mauvais, encore moins le bien et le mal.

La modernité n'est pas seulement un bien. Les hommes modernes ne sont en rien moralement supérieurs à ceux des temps anciens.

Cependant si la modernité s'effondre, du chaos postmoderne ne peut surgir que le mal. Si, au contraire, la modernité continue, les circonstances resteront ouvertes au bien comme au mal. Il faut donc choisir cette dernière voie.

Il est encore possible de préserver l'époque moderne du chaos, mais le temps se fait court. Pourtant, il n'y a pas de déterminisme de la décadence ou de l'effondrement.

L'auteur ne partage en rien le déterminisme pessimiste d'un Oswald Spengler. En juillet 1918, Spengler publia l'un des livres phares du siècle, *Le Déclin de l'Occident*. Les hypothèses pessimistes que nous formulons pourraient faire penser aux idées de Spengler. Il y a cependant une différence décisive entre notre essai et *Le Déclin de l'Occident*.

Pour Spengler, chaque civilisation porte en elle des déterminismes et sa propre « morphologie », expression spenglérienne que l'on traduirait aujourd'hui par « programme », au sens informatique du mot. Le vieillissement de l'individu est un programme génétique qui oblige l'être humain à décliner selon des lois impérieuses ; pour Spengler il en va de même pour les civilisations. Il croyait que chacune avait sa *Weltanschauung* particulière, c'est-à-dire sa morphologie, son programme, qui l'obligeait à décliner selon des lois impérieuses et non modifiables.

Un « c'était écrit » spenglérien, en quelque façon.

Nous ne croyons rien de la sorte. La fascination de la décadence nous est étrangère. Les civilisations, les cultures sont des « artefacts », des créations artificielles de l'être humain. Elles se comportent à l'image des monuments ou des machines fabriqués par l'homme. Elles peuvent constamment être réparées, refaites, réutilisées, réorientées.

Il n'est nullement normal, il n'est nulle part écrit que les civilisations doivent s'effondrer un jour. En ce sens Valéry, avec ses civilisations « mortelles », est spenglérien. Les civilisations ne meurent que par la faute des hommes.

Notre message n'est donc nullement, j'insiste sur ce point, un déterminisme pessimiste à la manière d'Oswald Spengler. Il n'est pas non plus un message apocalyptique à la manière de celui des prophètes de malheur de l'an 1000.

Notre message se résume ainsi. Le pire est possible mais on peut l'éviter. Il dépend des hommes que le pire arrive ou pas. Le pire n'est pas toujours sûr.

Nous ne pouvons, sauf à risquer une effroyable régression planétaire, abandonner la modernité à ses démons.

Nous devons vouloir qu'elle continue, et pour cela recréer le « capital moral » compatible avec elle, recréer de la civilisation, du civisme, et il nous reste assez de temps pour le faire ; quelques décennies.

S'il y a un enjeu de l'an 2000, c'est celui-là.

Non pas une exaltation imbécile et naïve de la

modernité libérale triomphante, à la manière d'Attali ou de Fukuyama, mais la réinvention d'un civisme moderne.

CHAPITRE 14

Si le pire n'est pas toujours sûr,
le progrès n'est jamais certain

Le progrès est possible, il n'est pas certain. C'est ce doute qui nous sépare des idéologues du troisième millénaire.

Le progrès est possible, par exemple l'homme a souvent réussi à fabriquer des oasis de paix, de bonheur, de technique. Quand on doute de l'humanité, il faut absolument descendre le Grand Canal de Venise en *vaporetto* de la gare Santa Lucia au débarcadère de San Marco.

Le progrès n'est pas « écrit ». Cet essai ne délivre pas un message apocalyptique à la manière des prophètes de malheur de l'an 1000, mais il doute du message messianique optimiste des célébrants de l'an 2000.

L'Assemblée constituante de 1789 était remplie

d'un extraordinaire optimisme. Cet esprit s'effondra bientôt dans la Terreur.

Les chrétiens de l'an 100 (époque où fut mise la touche finale du Nouveau Testament) étaient persuadés que l'avènement glorieux du Royaume, le retour du Christ, allaient survenir le lendemain. Ils ont appris ensuite à durer, difficilement, sous les persécutions.

Dans les choses humaines, aucun effondrement n'est programmé, inévitable ; il n'y a pas de destin, comme le croyaient les Grecs. Mais il n'existe pas non plus de réussites assurées.

Les monuments, les techniques, les arts, les civilisations, les cités, les nations, les religions elles-mêmes sont artificiels et assurément « mortels ». Mais cette mort n'est pas inscrite, au contraire de celle des individus, dans leurs gènes. Les civilisations ne sont pas promises à la décadence inévitable, elles ne vont pas non plus vers un progrès certain.

Ainsi le message véritable de cet essai est-il un message « politique ».

Qu'est-ce que la politique ? C'est précisément le défi de l'homme aux forces du désordre et de la dissociation. Le grand défi à la mort. Plus que l'art lui-même. En ce sens il n'est pas étonnant qu'André Malraux soit passé de l'exaltation de l'art à celle de la politique, après qu'il eut rencontré de Gaulle.

L'être humain sait qu'il va mourir en tant qu'individu (même s'il peut espérer modifier l'horloge génétique du vieillissement).

L'homme doit savoir aussi qu'au moins à l'échelle de la vie de la planète, ses constructions, ses cultures peuvent être immortelles (on peut espérer un milliard d'années de vie possible devant nous, si nous maîtrisons les forces du chaos et de la pollution ; l'humanité s'est hominisée il y a seulement deux cent mille ans !).

Le mépris pour le politique, qui a gagné les politiques eux-mêmes, n'est que l'envers de l'idéologie millénariste moderne de l'Etat sociétal.

Les termes de « société civile » expriment ce mépris. Les expressions sont révélatrices. La société civile est le contraire de la « société civique ». « Civil » et « politique » sont d'ailleurs le même mot, l'un latin « civis », l'autre grec « polis ».

En réalité, il n'existe aucune société civile qu'on puisse distinguer de la société politique. Toute société est politique. La politique est complexe, elle est davantage que l'entreprise industrielle ou capitaliste, autre chose que l'armée

(Bonaparte savait cela), plus que l'école ou les associations, réalités qui ne voient jamais qu'un seul aspect des choses.

La politique seule, une politique intelligente et forte, peut donner un sens aux nations et recréer assez de civilisation pour assurer un avenir au monde moderne.

Mais pour cela, il nous faut dépasser l'illusion progressiste de l'an 2000 et en revenir aux grandes leçons de l'Histoire et de la cité des hommes.

TABLE

9 782246 555513